# Relación liderada por mujeres

*La guía de pareja para la dominación femenina y la sumisión masculina*

**MARISA RUDDER**

Póngase en contacto con Marisa Rudder si tiene alguna pregunta. Correo electrónico: femaleledrelationshipbook@gmail.com

Todos los libros más vendidos de Marisa Rudder están disponibles en Amazon:

*Love & Obey, Real Men Worship Women, Sexo oral para mujeres, Cuckolding, Spanking, Chastity, Turning Point, Swinging, Mommy's in Charge, Queendom, Hotwife, Femdom y Sumisa.*

Impreso en los Estados Unidos de América Datos de catalogación en publicación del editor

**ISBN: 979-8-9882345-0-0**

# DEDICACIÓN

Me gustaría dar las gracias sinceramente a todos los que me han apoyado a lo largo del desarrollo de esta increíble visión del movimiento *Amar y Obedecer*. A todos aquellos que compraron y leyeron cada uno de mis libros y siguieron mis redes sociales durante los últimos cuatro años, les ofrezco mi eterna gratitud. Me habéis inspirado para impulsar un mayor empoderamiento femenino, la libertad sexual y la mejora de las relaciones y el matrimonio. No podría haber logrado todo lo que he logrado sin vuestro aliento y apoyo.

Gracias a todos por inspirarme a seguir adelante. Os quiero a todos y os dedico este libro por seguir fielmente mi guía y sacar tiempo de vuestras ajetreadas vidas para incluirme en vuestro viaje. Sois todos tan maravillosos y tan amables. Gracias por creer en esta causa, que ya ha cambiado cientos de miles de vidas.

Mi objetivo es seguir luchando por el cambio y promover la vida dirigida por mujeres en todo el mundo. Los hombres y las mujeres merecen ser felices en sus vidas y en sus relaciones y matrimonios. El futuro está liderado por las mujeres, y el Movimiento *Amar y Obedece* es un espacio seguro para todos los hombres solidarios que adoran a sus Reinas y para las parejas que quieren construir relaciones y matrimonios liderados por mujeres que tengan éxito.

Puedes obtener más información sobre el Movimiento de Liderazgo Femenino Ama y Obedece y sobre todos mis libros en mi sitio web:
http://www.loveandobey.com


O sígueme en las redes sociales:


### FACEBOOK
https://www.facebook.com/femaleledrelationships


### TWITTER
https://twitter.com/loveandobeybook


### INSTAGRAM
https://www.instagram.com/femaleledrelationships


### YOUTUBE
https://www.youtube.com/chan-nel/UCkX3wmd934WR103hStbzbiQ?view_as=subscriber

# INTRODUCCIÓN

Miles de parejas de todo el mundo están experimentando una revolución en sus relaciones al adoptar un estilo de vida llamado Relación Liderada por Mujeres (FLR), en el que las mujeres están al mando. Cada vez más parejas están descubriendo la emoción, la intimidad y la alegría que sólo pueden encontrarse en una FLR. El futuro del mundo está en manos de mujeres inteligentes y emprendedoras que han surgido como el nuevo género dominante. Éste es un periodo de transición en el que las mujeres están ganando poder y los hombres están aprendiendo a someterse a la autoridad amorosa de las mujeres.

En una Relación Liderada por Mujeres, la mujer es la líder y el hombre es el sumiso. Ella tiene más poder que el hombre y tiene la última palabra en las cuestiones importantes. En una Relación Dirigida por la Mujer, la mujer lleva las riendas y el hombre se contenta con seguirla como un caballero comprensivo. De ahí el auge de la dominación femenina y la sumisión masculina.

Desde los años 50, ha habido cambios en todos los campos, excepto en las relaciones. No es de extrañar que la tasa de divorcios alcance ya el 50%, y que sigamos intentando vivir según las normas que se establecieron para los matrimonios y las relaciones hace décadas. Desde principios de siglo, el hombre ha sido tradicionalmente el sostén económico y el cabeza de familia, mientras que la mujer se quedaba en casa para criar a los hijos y cuidar del hogar. Esto se hizo para condicionar a la gente a creer que los hombres son superiores y las mujeres inferiores. Como esto es así, el hombre debe hacerse cargo. ¿Dónde nos deja eso exactamente? Hay un aumento de todas estas tendencias negativas, así como de muchas otras: violencia, divorcio, amenaza de guerra, desastres naturales, declive de los valores familiares tradicionales, aumento de la violencia contra las mujeres y una tendencia general hacia una mayor desigualdad.

Durante muchos años, el condicionamiento patriarcal garantizó que se esperara de las mujeres que desempeñaran el papel sumiso que se había establecido para ellas. La reina siempre ha sido la parte más vital de la familia porque es la que da a luz. Así pues, una mujer se eleva por encima de un hombre cuando está a cargo de algo fundamental para la supervivencia. Independientemente de su educación, sólo eso la hace superior. Por ejemplo, en la prehistoria, los hombres asumían sus funciones propias como sirvientes de sus mujeres, manteniéndolas mediante la caza y la recolección. Sin embargo, la verdad de que los hombres están predispuestos a servir a las mujeres y de que la reina es la mejor líder en una relación no se ve afectada por siglos de condicionamiento patriarcal. Así pues, la pareja está dirigida por la mujer.

Cuándo empezaron los hombres a dominar mientras que las mujeres debían someterse a ellos es una faceta de la vida que ha desconcertado a los estudiosos durante mucho tiempo.

Se cree que la iglesia y la legislación aprobaron normas para restringir el acceso de las mujeres a la propiedad y contribuyeron en gran medida a este condicionamiento patriarcal. La creencia generalizada de que las mujeres debían estar supeditadas a los hombres y la negación de derechos básicos como el voto, la propiedad de bienes y los puestos de liderazgo en el lugar de trabajo desempeñaron papeles importantes en el mantenimiento de este statu quo. Sin embargo, las pruebas sugieren que en siglos anteriores, así como en muchas culturas, la existencia de estatuas y deidades femeninas demuestra que se adoraba a las mujeres y se creía que poseían un gran poder como dadoras y nutridoras de la vida, hasta que los hombres intentaron suprimir su poder mediante el patriarcado.

Hoy en día, las tornas están cambiando. Una mujer moderna no sólo está capacitada para tomar decisiones sobre su propia vida, carrera y hogar, sino también para hacerlo en el contexto de su matrimonio u otra relación comprometida. Cada vez más mujeres asumen posiciones de poder en todo el mundo, incluso en la política, la empresa y el hogar. Cabe suponer que este libro suscitará un acalorado debate porque desafía las normas aceptadas en la cultura contemporánea. Aunque el liderazgo femenino se recibe con escepticismo, va en aumento. Las relaciones lideradas por mujeres están remodelando el matrimonio y la escena de las citas para mejor, aunque mucha gente prefiera seguir como siempre y continuar con relaciones vainilla basadas en reglas desarrolladas hace más de 50 o 60 años.

En este libro, he recopilado mis descubrimientos tras años de estudiar y vivir el estilo de vida de las Relaciones Lideradas por Mujeres. Este libro se basa en las ideas y experiencias de mis miles de seguidores, y es la continuación natural de mi primer libro, *Amar y Obedece*. Aquí exploraré los temas de qué significa una Relación Liderada por Mujeres y en qué se diferencia de una relación liderada por hombres. Además, este libro responderá a todas tus preguntas sobre la FLR: cómo funciona, sus beneficios y cómo establecer este estilo de vida. Aprenderás todo lo que necesitas saber para crear y vivir con éxito una Relación Liderada por Mujeres. La forma en que tratas a tu Reina a diario cambiará como resultado, porque elevarla a la posición de líder en tu vida y en tu relación requiere que le des la confianza y la fuerza para hacerlo. Una vez que te comprometas con una relación en la que la mujer esté al mando, encontrarás un nuevo sentido y propósito en la vida.

¿Son cada vez más frecuentes las relaciones dirigidas por mujeres? Totalmente. Se ha producido un aumento de las FLR, que se ha relacionado con mayores niveles de alegría, excitación y satisfacción sexual. Las mujeres están ahora al timón de naciones, gobiernos, corporaciones e incluso parejas sentimentales. Kamala Harris hizo historia en 2021 al convertirse en la primera mujer Vicepresidenta de Estados Unidos. Sarah Thomas es la primera mujer árbitro de la Super Bowl, y Kim

Ng se convirtió en la primera mujer directora general contratada en las Grandes Ligas de Béisbol. Los Juegos Olímpicos estaban dominados por las mujeres, que constituían casi la mitad de todos los competidores. Cuando el surf fue reconocido oficialmente como deporte olímpico, una atleta estadounidense ganó la primera medalla de oro de surf de la historia. Jeff Bezos, fundador de Amazon, llevó consigo en su primer vuelo espacial a una mujer que fue una de las primeras mujeres astronautas.

Muchas más mujeres han triunfado en campos tradicionalmente ocupados por hombres. Hace años, como estudiante de ingeniería, me enfrenté a la dificultad de abrirme camino en un campo tradicionalmente dominado por los hombres. Hoy, como fundadora del Movimiento *Love & Obey,* no sólo he participado, sino que también he sido testigo del auge del empoderamiento femenino, que no muestra signos de desaceleración. Es hora de que las mujeres den un paso adelante y sean líderes en el hogar y en el dormitorio. Este cambio es popular entre los hombres porque les da la oportunidad de ser los compañeros amables y serviciales que la sociedad necesita que sean.

Leopold von Sacher-Masoch fue el primero en decir: "El hombre es el que desea, la mujer la deseada". En pocas palabras, ésta es la única ventaja significativa de la mujer. El jefe del ejército de la reina ha sido una figura respetada durante siglos, y sigue sirviendo a voluntad de la monarca. La reina Isabel y Catalina la Grande demuestran que se han librado y ganado guerras con mujeres al mando. ¿Qué tiene de poderosa e hipnotizadora una mujer alfa que proyecta la confianza y el aplomo de una reina? ¿Cómo es capaz de reducir incluso al hombre más fuerte a un estado de completa sumisión? ¿Acaso la revolución sexual ha dejado a los hombres tan atrás que son incapaces de hacer frente al auge de la dominación femenina y prefieren someterse y servir a su Reina? El hecho es que los hombres necesitan relaciones y las mujeres son fuentes de poder. Así que es sólo una evolución natural que las mujeres tomen el liderazgo en las relaciones, igual que lo han hecho en el liderazgo de países, gobiernos, corporaciones y hogares.

Lo que notarás en una relación en la que la Reina está al mando es un aumento espectacular tanto del amor como de la pasión. Cuando la mujer tiene la oportunidad de dirigir en una FLR, experimenta cambios profundos. Debido a la transformación que has provocado en ella, la mujer experimenta regularmente sentimientos de alegría, inspiración y amor; a cambio, tú experimentas sentimientos de aceptación, valor y especialidad. Ésta es tu oportunidad de demostrarle cuánto la respetas y honras de verdad como tu Reina. No hay nada mejor que una mujer fuerte a la que se permite ser la Reina. Como resultado, ambos estaréis en un lugar mejor emocional y espiritualmente.

Históricamente prevalentes entre la clase acomodada, las Relaciones Lideradas por Mujeres están en auge entre las élites actuales, como actores, atletas y ejecutivos. ¿Por qué? Por la sencilla razón de que los hombres fuertes aprecian a una Reina fuerte. Cuando hay una Reina fuerte y poderosa y un Rey aún más fuerte que reconoce su valía y le da las riendas, el reino es imparable. Lo que tenemos aquí son los cimientos de una relación en la que la mujer lleva la iniciativa. El hombre no es débil ni carece de importancia. Es el que lo mantiene todo unido; es el general. Ahora más que nunca, las mujeres son las que van al volante. Se me ocurren numerosos ejemplos del mundo real de mujeres que tomaron las riendas de su vida y su carrera y transformaron así la vida de los hombres.

Muchas parejas están descubriendo que pueden ocurrir cosas mágicas cuando la Reina toma la iniciativa en su relación. Empezáis a pensar y a actuar de forma diferente el uno con el otro. La mujer se convierte en Reina, y su naturaleza divina resplandece. El hombre se transforma en el tipo de caballero que ve su papel como puramente utilitario. El bienestar y los deseos de su Reina son su principal preocupación, por lo que agradece la oportunidad de experimentar la verdadera sumisión masculina.

Acompáñanos en este viaje de pasión, que podría convertir tu matrimonio y tu relación de monótonos en emocionantes. Tú y tu Reina os habéis ganado la oportunidad de llevar vuestro viaje al siguiente nivel emocionante de romance y aventura. Crea la Relación Liderada por Mujeres de tus sueños.

# ÍNDICE

# CAPÍTULO 1

# ¿Qué es una relación dirigida por mujeres?

Una Relación Liderada por Mujeres es aquella en la que la mujer toma la iniciativa y asume el papel de pareja dominante, mientras que el hombre asume un papel más sumiso. La mujer tomará las decisiones importantes y tendrá más autoridad en la relación. Hay varias razones por las que las parejas deciden entrar en una Relación Liderada por la Mujer, y muchas más están pasando de matrimonios y relaciones normales a matrimonios liderados por la mujer. Recibo miles de mensajes de parejas que están haciendo la transición y de hombres que buscan activamente una mujer dominante. El estilo de vida dirigido por la mujer está empezando a surgir en los medios de comunicación, como películas y programas de televisión, con tantos personajes femeninos geniales que toman el mando.

Algunos de los clásicos incluso están cambiando su fórmula, pasando de estar dominados por hombres a estarlo por mujeres. La popularísima serie James Bond es un gran ejemplo del paso de que el agente 007 sea el personaje principal fuerte y duro a que ahora las mujeres tomen el relevo en la entrega de 2021. Wonder Woman fue una sensación como continuación de Superman, y es el personaje superior en *Liga de la Justicia*. La serie *The Equalizer* cuenta con Queen Latifah en lugar del habitual personaje masculino interpretado por Denzel Washington. Con el creciente protagonismo femenino y la abundancia de personajes femeninos fuertes y capaces representados en los medios de comunicación convencionales, más hombres ansían la autoridad femenina.

Sólo hay tres cosas que deben preocuparte en la vida: tu relación con tu pareja o cónyuge, tu relación contigo mismo y tu relación con Dios. La FLR tiene el poder de transformar tu vida porque tú y tu Reina emprendéis juntos un viaje de exploración. La vida guiada por la mujer se centra en el interior, de modo que tú y tu Reina facilitáis vuestro crecimiento a través de vuestras experiencias juntas. También aprendes desarrollando las habilidades necesarias como la integridad, los valores morales, la honestidad, la comunicación abierta, la intimidad, la empatía, el perdón y la compasión.

Las Relaciones Lideradas por Mujeres son una fórmula ganadora probada para una vida sexual excitante, un vínculo más profundo y una felicidad eterna. Cómo elijas pasar cada día determinará el curso de tu vida. ¿Eliges el aburrimiento y los celos? ¿O prefieres la honestidad, el respeto, la admiración, la inspiración y una sensación de éxtasis y aventura al explorar todo lo que la vida te ofrece? Si es así, las Relaciones Guiadas por Mujeres son para ti.

Por supuesto, habrá retos con la FLR, como decidir quién administrará el dinero, tomará las decisiones domésticas y planificará los actos sociales. Comprender las pautas de cómo existir en este tipo de relación es crucial. Siempre habrá problemas que superar, pero en general, habrá menos luchas de poder cuando la líder, la Reina, se establece desde el principio, y el hombre es el caballero que apoya. Un gran ejemplo de liderazgo femenino es la Reina, cabeza de la Familia Real Británica. La Reina es la líder, y el príncipe Felipe era su caballero de apoyo, papel que desempeñó obedientemente hasta su fallecimiento. El príncipe Felipe fue un maravilloso ejemplo de cómo un macho alfa podía seguir siendo alfa pero también aceptar su papel de sumiso ante su Reina. Muchos dirán que es sólo tradición, pero el príncipe Felipe ha dicho en muchas ocasiones que tuvo que adaptarse al papel y completar mucho entrenamiento para poder lograrlo.

Lo mismo ocurre con las parejas en Relaciones Lideradas por Mujeres. La idea errónea es que los hombres que aceptan este tipo de relación son sumisos o débiles por naturaleza. Esto no podría estar más lejos de la realidad. Algunos hombres son sumisos y disfrutan estando con una mujer más fuerte, pero muchos hombres alfa están tan deseosos de servir a una mujer poderosa como a su reina, y se sienten felices de ser el caballero que la apoya. Incluso en la época patriarcal, la única persona que podía controlar a un hombre era una mujer. Hay muchos ejemplos de cómo los hombres poderosos fueron puestos de rodillas, bien o mal, por las mujeres. Wallace Simpson cambió el curso de la historia cuando el rey Eduardo abdicó del trono. El rey Enrique VIII, un mujeriego notorio, hizo reina a su amante Ana Bolena y fue contra la iglesia para hacerlo, por una mujer. Incluso hay ejemplos modernos, como la destitución de Bill Clinton por culpa de una mujer y el hecho de que el príncipe Harry se casara con

3

una mujer común norteamericana de dos razas, Megan Markle, y se alejaran de la monarquía para vivir su vida en Norteamérica, todo ello bajo la influencia de una mujer.

Las mujeres son poderosas en muchas áreas, y en la Relación Liderada por Mujeres, te estás sometiendo a ese poder. Muestras tu máximo respeto en el dormitorio, que antes era un área de dominio masculino, y ahora se convierte en un lugar de adoración femenina. ¿Por qué funciona esto tan fácilmente? Las mujeres se han acostumbrado a tomar el mando. En *Lo que el viento se llevó, me* fascinó que los hombres se fueran a la guerra y las mujeres siguieran sobreviviendo y asumiendo el mando. En un mundo en el que se esperaba que las mujeres siguieran a los hombres, en su ausencia, las mujeres daban un paso al frente y lo dirigían todo.

Las mujeres tienen una capacidad natural para liderar porque son multi- responsables y grandes comunicadoras. Las mujeres establecen relaciones con otras personas mejor que los hombres. Son colaboradoras, y nada puede hacerse como una isla. Hoy, en 2021, las mujeres ejercen por fin su capacidad natural de ser las que mandan y los hombres los que apoyan. El sexo oral forma parte de las obligaciones del hombre de apoyo, y en Female Led

Relaciones, el sexo es para el placer de la Reina. La forma en que complaces a tu Reina se convierte en tu oportunidad de demostrar cuánto la adoras. Tu voluntad de garantizar su felicidad transformará el propósito de tu vida. Cuando los hombres descubran su nuevo propósito vital de amar, obedecer y servir a una mujer superior, encontrarán paz y satisfacción. Además, la amorosa autoridad femenina le proporcionará enormes cantidades de amor y afecto.

La regla general implica que cuando decidas crear una Relación Liderada por Mujeres, ambos debéis estar de acuerdo en que ella está al mando. Es muy importante establecer esto desde el principio para evitar luchas de poder más adelante. Puede haber problemas adicionales con los hombres a los que les gusta la idea de estar en una Relación Liderada por Mujeres, pero son incapaces de comprometerse plenamente debido a condicionamientos patriarcales previos. Mis siete libros de la serie *Amor y Obediencia* ayudan a realizar adecuadamente esta transición al estilo de vida. Tengo la esperanza de que este libro, que sirve como guía definitiva de todo lo dirigido por mujeres, te ayude a crear la Relación Dirigida por Mujeres o el Matrimonio Dirigido por Mujeres perfecto para ti y tu Reina. Una relación que no sólo se base en la honestidad, la confianza y la comunicación abierta, sino que os permita a ambos prosperar y sentiros plenamente satisfechos todos los días de vuestra vida.

Las mujeres parecen cobrar vida cuando hay menos discusiones y más apoyo constructivo en la vida cotidiana. Cuando la escuchas atentamente, participas en las conversaciones y alientas sus ideas y objetivos, ayudas a tu Reina a convertirse en una persona dinámica y de éxito que inspira a todos los que la rodean, incluidos sus hijos. Los niños imitan a sus padres, y necesitan ejemplos de éxito, madurez y amor que les inspiren a diario. Una mujer con un hombre fuerte que la apoye es libre de ser la estrella brillante que está destinada a ser, y eso me lleva a pensar en el dicho: "Detrás de toda gran mujer hay un gran hombre". Así pues, la obediencia a una mujer nunca debe verse como debilidad. Los hombres fuertes conocen los enormes beneficios de apoyar a una mujer fuerte.

Las mujeres sienten que su poder aumenta cada año. Para muchos, "El futuro es femenino" y "Chica Jefa" es la nueva normalidad. Empecé a notar este fuerte aumento de los temas de empoderamiento femenino en películas, programas de televisión, YouTube, gobiernos, empresas y hogares. En todas partes he sido testigo de ejemplos de mujeres que toman las riendas, y ahora se está convirtiendo en un fenómeno mundial en las relaciones y la sociedad. Adoptan la idea de la superioridad y el liderazgo femeninos.

El apoyo que recibí de los hombres sobre la lectura de *Amar y Obedecer* y su práctica diaria, y los cientos de testimonios que recibí, fueron abrumadores. Hombres de todas partes me cuentan cómo disfrutan y han aprendido a adorar a las mujeres. Facultar a una mujer para que dirija no debe verse como algo negativo, pues ayuda a construir una relación más fuerte y satisfactoria. Las mujeres están disfrutando y acogiendo con satisfacción el nuevo papel de enseñar a los hombres a ser cariñosos y obedientes. Creo que éste es el mejor estilo de vida para una relación verdaderamente exitosa y feliz, y ofrece la mayor oportunidad para que ambas personas crezcan y evolucionen juntas.

¿Qué debe cambiar en nuestra sociedad? Alrededor del 70% de los trabajadores sanitarios y sociales son mujeres, lo que significa que son cuidadoras incluso en su vida laboral. Esto hace que la vida doméstica sea aún más estresante y que las mujeres a menudo trabajen en exceso, estén mal pagadas y sean infelices. Sigue aumentando la violencia contra las mujeres y, en el mundo en desarrollo, las niñas se ven obligadas a prepararse para el matrimonio y todavía deben luchar por el mismo derecho a la educación que los niños. La alarmante cifra de 496 millones de mujeres analfabetas en todo el mundo. A las mujeres se les sigue asignando una parte desproporcionada de las tareas y responsabilidades domésticas -tareas como caminar kilómetros en busca de agua y cuidar de los hermanos menores.

Cada día, aproximadamente 41.000 niñas menores de 18 años son obligadas a casarse. Sin acceso a una planificación familiar adecuada, a anticonceptivos o a atención sanitaria, se quedan embarazadas prematuramente. Las mujeres siguen ganando menos que los hombres, a pesar de que en la mayoría de las culturas son responsables de cuidar de los padres ancianos y de la familia. Aproximadamente un tercio de las mujeres casadas del mundo en desarrollo no tienen control sobre las principales compras domésticas, lo que las sitúa en una posición de menor poder que sus hombres.

Las Relaciones Lideradas por Mujeres y los Matrimonios Liderados por Mujeres están creciendo y cada vez hay más parejas deseosas de explorar y crear estilos de vida propicios para experimentar la mejor versión de la dominación y la sumisión, permitiendo a la Reina ocupar su posición de líder suprema y a ti, su hombre, ser su sumiso caballero de apoyo.

# CAPÍTULO 2

# ¿Funcionan las relaciones dirigidas por mujeres?

Las Relaciones Lideradas por Mujeres son muy diferentes de las relaciones normales, que suelen estar lideradas por hombres y basadas en el patriarcado. Entonces, ¿funcionan las Relaciones Lideradas por Mujeres? La respuesta es sí, absolutamente. No existe ninguna relación o matrimonio que ofrezca más plenitud y felicidad para ambas personas, y esto lo confirman las miles de parejas que han informado de que sus vidas, relaciones y matrimonios se han transformado y salvado radicalmente al crear una Relación Liderada por Mujeres. Todas las necesidades de la Reina están cubiertas y hay un hombre cariñoso y obediente que la pone en un pedestal y la adora cada día.

He descubierto que a las mujeres les encantan las Relaciones Lideradas por Mujeres porque por fin pueden ser libres para afirmar su dominio y pueden asumir el papel de líderes que les corresponde. Las mujeres siempre han dirigido los hogares de forma natural y han tomado las decisiones en casa, y aquí es donde empieza todo. Un hogar bien dirigido crea una familia feliz y próspera. Los niños aprenden más de sus hogares, y lo que ocurre en nuestros hogares y en las relaciones familiares nos afecta a lo largo de nuestra vida.

Recuerdo la cantidad de veces que, en mis primeras relaciones, suprimí a propósito mi personalidad dominante y de tomar las riendas por el bien de mi pareja. Al principio, muchas mujeres fuertes sentían que tenían que acatar las normas patriarcales de la sociedad, permitiendo que sus hombres tuvieran el control mientras ellas maniobraban para ser las segundas. Sin embargo, esto acaba causando problemas, porque una mujer dirigida por un hombre no puede reprimir su naturaleza para siempre. Como he experimentado, en algún momento, la Reina se sentirá infeliz siendo sumisa cuando su verdadera naturaleza es ser líder. Tener el control sobre su relación, su hogar, sus hijos, sus finanzas y todo lo demás, forma parte de la personalidad de una mujer.

La libertad para liderar las relaciones permite a la mujer implicarse en el papel de reina que le corresponde y evita que se sienta reprimida. Éstas son algunas de las razones por las que las Relaciones Lideradas por Mujeres funcionan. Las Relaciones Lideradas por Mujeres desafían la dinámica de relación tradicional en la que el hombre tiene autoridad sobre la mujer. También desafían los papeles tradicionales de género que nuestra sociedad patriarcal ha impuesto a las mujeres, y les da la oportunidad de tomar decisiones significativas, hacer cambios y contribuir a su hogar sin tener que pasar primero por la aprobación de un hombre. Hay menos lucha de poder en una Relación Liderada por Mujeres, ya que los papeles están claros. Sabiendo que cuenta con el apoyo de su pareja, la mujer puede tomar sus decisiones tranquilamente. Aunque es una cuestión debatida, algunas mujeres consideran que una FLR les permite tener más control sobre su pareja y les permite cambiar malos hábitos y ayudarles a superarse.

La ventaja de una relación dirigida por mujeres es que establece unos papeles claros y elimina la posibilidad de luchas de poder. Establece la jerarquía adecuada. Nadie en la Realeza Británica cuestiona quién está a la cabeza. La Reina reina suprema, y todos en el Reino Unido y en todo el mundo le muestran su respeto. Hay una escena maravillosa en la que Churchill visitó a la reina Isabel por primera vez, y estuvo de pie conversando con ella durante una hora. La Reina se quedó perpleja, pero más tarde Churchill le explicó que era su deber mostrarle respeto permaneciendo de pie hasta que ella le permitiera sentarse. No le estaba permitido interrumpirla ni hablar antes de que ella hablara. Estas reglas ayudan a establecer el orden, y tener claros los papeles en la relación reduce las peleas.

Tanto tú como tu Reina debéis estar familiarizados con las normas, ya que será necesario reforzarlas constantemente, sobre todo al principio. Como seres humanos, tendemos a recaer en comportamientos aprendidos, y querrás actuar y tal vez hablarle a tu Reina fuera de turno. Puede que grites y levantes la voz de forma inapropiada, y todos estos comportamientos deben cambiar para que la relación funcione sin problemas. Mi sugerencia es que escribas las normas y las tengas a la vista para disuadir las discusiones.

En una Relación Liderada por Mujeres, la mujer es libre. Es libre de tomar decisiones sobre sus deseos y los tuyos. Ya no está controlada por un hombre, y al permitirse experimentar su poder de Diosa, impulsa su evolución. La Relación

Liderada por la Mujer está aquí para quedarse, y las mujeres ya no toleran el abuso, el control y el mal comportamiento de los hombres. Incluso en las buenas relaciones, una mujer puede sentirse controlada y sexualmente insatisfecha. La mera idea del sexo para el orgasmo y el placer del hombre es una de las principales razones por las que las mujeres están cambiando.

Aunque las luchas de poder dentro de las relaciones son habituales, si una reina se encuentra con menos poder en una relación, los investigadores descubrieron que le pasa una factura emocional mucho mayor. La desigualdad en una relación no les cuesta tanto a los hombres porque siguen estando protegidos por un sistema más amplio de privilegios masculinos. Puede que los hombres gobiernen el mundo, pero las mujeres gobiernan el gallinero. Las mujeres tienen mucho más poder de decisión que los hombres en el matrimonio. Las investigaciones sugieren que un marcador de un matrimonio sano es que los hombres acepten la influencia de sus esposas. Los investigadores descubrieron que las esposas, por término medio, mostraban más poder que sus maridos durante las discusiones para resolver problemas, independientemente de quién planteara el tema de discusión.

Lo que funciona para un hombre no funciona para una mujer, y cuanto más se investiga sobre la biología, la fisiología y la psicología de la mujer, más nos damos cuenta de que el cambio no sólo es inminente, sino necesario. El patriarcado se ha acabado, y la Relación Dirigida por la Mujer marcará el comienzo de una nueva era, en la que la mujer tomará las riendas y el hombre será el caballero de apoyo. Este nuevo papel del hombre nunca debe verse como una debilidad, ya que ser el que apoya conlleva una gran responsabilidad. Siempre he creído que las mujeres están hechas para dirigir. Son más aptas para liderar, pues están armadas con mejores estilos de comunicación, flexibilidad, empatía e intuición.

El patriarcado dictó en las historias bíblicas que en la historia de Adán y Eva, Adán desobedeció a Dios y cogió la manzana de Eva, su mujer. Así es como me lo enseñaron. Pero ya de niña, en las escuelas católicas, me parecía que podíamos interpretar esta historia como que Adán obedeció a su mujer Eva e hizo lo que ella quiso, aun a riesgo de desobedecer a Dios, FLR clásico. Desde la noche de los tiempos, los hombres han servido a las mujeres. ¿Por qué salían los hombres a cazar y hacer el trabajo manual? Porque cada día, su deber era prestar servicio a sus mujeres, que permanecían en casa, dirigían el hogar y cuidaban de los niños.

La fortaleza del hogar y de la casa es una de las tareas más importantes y proporciona una base para el funcionamiento de las personas. Las mujeres eran líderes a la hora de garantizar que se cuidaba de todo en el hogar. Sólo cuando se intentaba controlar a las mujeres y suprimir su poder, estar en casa se consideraba una debilidad. Los condicionamientos del patriarcado mantuvieron sometidas a las mujeres durante décadas, pero ahora todo está cambiando.

En el pasado, el mundo estaba dirigido por hombres, pero las relaciones de autoridad masculinas no son tan eficaces. No funcionan. La tasa de divorcios ronda el 50%. Éste es el resultado de las relaciones masculinas dominantes de los últimos 50 a 100 años. Es interesante observar que, debido a la desintegración del hogar, con más hogares dirigidos por madres solteras, el mundo evolucionó para ser dirigido por mujeres. El liderazgo masculino sólo conduce al conflicto, a las discusiones y al distanciamiento. Las guerras son una idea masculina. Pelear, en general, es una idea masculina. Rara vez se ve a dos mujeres enzarzadas en un altercado físico. Las mujeres de parejas del mismo sexo rara vez son denunciadas por maltrato doméstico. ¿Por qué? Porque forma parte del paradigma dirigido por los hombres. Cuando las mujeres se sienten ignoradas y presionadas por los hombres, generalmente empiezan a pasar más tiempo con amigos que las hacen sentir apreciadas y permiten una comunicación abierta.

Muchas mujeres sienten que deben reprimir un sentimiento de superioridad por miedo a alterar el frágil ego de su hombre. Esto hace que las mujeres se sientan infravaloradas y asfixiadas. Al final, una mujer que oculta la necesidad de sentir su poder se deprime, se disgusta y se enfada. Hombres, no queréis tener una relación con una mujer enfadada. Mi simple consejo es que seáis obedientes con vuestra mujer. Aunque no la hayas obedecido siempre en el pasado, debes obedecerla ahora. Déjate dirigir por las órdenes de tu mujer. Cuando una mujer vea que la respetas por las buenas elecciones y las decisiones inteligentes, cambiará su conducta y se sentirá complacida por tu comportamiento. Entonces, serás recompensado. Cuando recompensas a una mujer como a una reina, ella se elevará hasta encarnar a una reina, lo que significa más felicidad, ya que te sentirás orgulloso de estar a su lado, sirviéndola.

Cuando las mujeres son tratadas como reinas, asumirán ese papel en su aspecto, comportamiento y actitud, lo que te inspirará a ser más caballero. Adorarás la inteligencia, el corazón y la belleza de tu mujer. Tu mujer tomará el mando de tu corazón cuando te sometas a ella, y te guiará sabiamente mediante la belleza imperecedera de su autoridad gentil y amorosa sobre ti, que es muy valiosa. A Simone de Beauvoir, autora de *El segundo sexo, se le* atribuye el liderazgo del movimiento feminista. Sus escritos explicaban por qué a las mujeres con talento les resultaba difícil triunfar. Los obstáculos que cita de Beauvoir incluyen la incapacidad de las mujeres para ganar tanto dinero como los hombres en la misma profesión, las responsabilidades domésticas de las mujeres, la falta de apoyo de la sociedad hacia las mujeres con talento y el miedo de las mujeres a que el éxito las lleve a tener un marido molesto o les impida incluso encontrar marido.

También argumenta que las mujeres carecen de ambición debido a cómo se las educa, señalando que a las niñas se les dice que sigan los deberes de sus madres, mientras que a los niños se les dice que superen los logros de sus padres. Junto con otras influencias, la obra de Simone de Beauvoir contribuyó al estallido del movimiento feminista, que dio lugar a la formación del Mouvement de Libération des Femmes o Movimiento de Liberación de la Mujer. Entre las colaboradoras del Movimiento de Liberación de la Mujer se encuentran Simone de Beauvoir, Christiane Rochefort, Christine Delphy y Anne Tristan. Gracias a este movimiento, las mujeres consiguieron la igualdad de derechos, como el derecho a la educación, el derecho al trabajo y el derecho al voto.

Hay muchas otras razones por las que un FLR es tan atractivo para mujeres. Si nos fijamos en algunos de los atributos importantes para las mujeres, como encontrar un hombre empático y comprensivo que sepa escuchar. A las mujeres les encanta comunicarse y hablar, por lo que desean un oyente atento, algo que los hombres deben practicar y trabajar con regularidad. Los hombres que mantienen relaciones dirigidas por mujeres o desean mantenerlas tienden a estar más en contacto con su lado emocional más profundo y, por tanto, están acostumbrados a las mujeres que se comunican bien. Tienden a desarrollar estas habilidades, que desean las mujeres fuertes y dominantes. Los hombres que saben escuchar están presentes y atentos, no se limitan a esperar a que les toque hablar, y son capaces de seguir el ritmo de una buena discusión y adaptarse a él. Las parejas que no aprenden a comunicarse conscientemente tendrán problemas de intimidad, conflicto y crecimiento relacional. Comprender el mundo interior de tu Reina y hacer que comprenda el tuyo es fundamental para una conexión verdadera, y la mayoría de las mujeres desean esta conexión en una Relación Liderada por Mujeres.

Por último, una plétora de pruebas revela que las mujeres son superiores a los hombres en muchos aspectos. La ciencia lo demuestra con el hallazgo de una X adicional en cada célula femenina, que lejos de ser redundante, es decisiva para garantizar que las mujeres tengan una clara ventaja genética. Los humanos tenemos 23 pares de cromosomas. Uno de esos pares está formado por nuestros dos cromosomas sexuales. Las mujeres tienen dos cromosomas X (XX), los hombres tienen un X y un Y (XY). El cromosoma X tiene unos 1.000 genes; el Y, unos 70. El X es uno de los cromosomas más grandes y contiene genes extremadamente significativos, que fabrican y mantienen el cerebro. ¿Por qué iba a conceder la naturaleza esta dosis extra de cromosoma más importante a las mujeres si no fuera porque son superiores? No necesitamos a la naturaleza para confirmar la respuesta a esto, basta con echar un vistazo a todos los logros de las mujeres contra todos los obstáculos y es evidente. Por lo tanto, en una relación dirigida por mujeres, éstas están ocupando el lugar que les corresponde como líderes.

# CAPÍTULO 3

# ¿Por qué a los hombres les gustan las relaciones lideradas por mujeres?

L o sorprendente es que los hombres tienden a iniciar la exploración y la transición hacia las Relaciones Lideradas por Mujeres. Un gran porcentaje de hombres desean los matrimonios dirigidos por mujeres, incluso más que las mujeres al principio. Entonces, ¿por qué a los hombres les gustan las Relaciones Lideradas por Mujeres? Después de ayudar a miles de parejas, y en concreto a hombres, con sus matrimonios y a encontrar parejas adecuadas, creo que a los hombres les inspiran las mujeres fuertes y capaces, y que en última instancia desean una mujer a la que puedan tratar como a una reina. Los hombres buscan una mujer que les atrape, les emocione y de la que puedan sentirse orgullosos.

Las investigaciones demuestran que dos tercios de los hombres se enamoran de una mujer muy parecida a su madre, por lo que los hombres se sentirán atraídos por mujeres que tengan cualidades similares a las de sus madres, ya que ésta es la persona a la que tienden a querer y respetar más. La experta en relaciones Rachel Lloyd afirma: "Es bien sabido que tendemos a migrar hacia personas que comparten rasgos similares con nosotros y, en mayor o menor grado, tratamos de recrear aspectos de nuestras relaciones originales con nuestros padres". Nuestras relaciones más tempranas, especialmente con nuestra madre, influyen en cómo podemos conectar de adultos en contextos románticos y de otro tipo, y también crean guiones interiorizados o modelos de trabajo sobre cómo funcionan las relaciones.

Otros factores pueden estar impulsando la necesidad de una mujer fuerte. Hoy en día, los hombres están sometidos a una enorme cantidad de estrés y ansiedad sobre las relaciones, el amor y la vida, y es aún más difícil tener que encontrar su lugar en un mundo en el que las mujeres dominan. Deben resolver sus problemas con el condicionamiento patriarcal de la infancia y cómo creen que deben ser como hombre moderno que existe en este nuevo mundo. Como todavía se espera de los hombres que asuman posiciones de liderazgo en su vida laboral, se conforman con asumir menos este papel en su vida personal.

Por tanto, las Relaciones Lideradas por Mujeres quitan el estrés de un papel de liderazgo a los hombres que preferirían no tener esa presión. Les libera de un papel de autoridad que, de otro modo, podrían verse presionados a asumir en casa y en el trabajo. Algunos hombres preferirían adoptar un papel más suave en una relación, como cuidar de los hijos, ocuparse de la casa, cocinar y limpiar, y ganar menos ingresos sin el estrés de ser el sostén de la familia.

Los hombres que mantienen relaciones dirigidas por mujeres buscan mujeres fuertes que puedan mantenerlos a raya y tomar el control de forma coherente. La coherencia hace que un hombre adquiera buenos hábitos y siente que ha sido justamente disciplinado cuando le dan unos azotes por portarse mal o desobedecer. Comprende que la disciplina y el castigo forman parte de un sistema coherente y justo de normas y consecuencias de FLR.

A los hombres les encantan las Relaciones Lideradas por Mujeres porque pueden apreciar más a su pareja y reconocer mejor su valía. Ven a sus parejas como iguales, en lugar de como inferiores a ellos. Una Relación Liderada por Mujeres también ayuda al hombre a aprender a servir y adorar mejor a su mujer, ya que comprende mejor qué excita a las mujeres y cómo comunicarse mejor. Tienen la oportunidad de evolucionar en una FLR con la ayuda de su Reina. A los hombres les atraen las mujeres fuertes y seguras de sí mismas porque están orgullosos de servir a una Reina, no a una criada, y son adictos a la persecución. Una mujer fuerte representa el trofeo. Claro que a él le gusta que le cuiden de vez en cuando, pero los hombres necesitan imprevisibilidad y emoción. Ahí es donde entra en juego una mujer fuerte, y en una Relación Liderada por Mujeres, los hombres desean servir.

Admitámoslo, las mujeres seguras de sí mismas son las ganadoras en la sala de juntas y en el dormitorio, así que la confianza es sexy y una verdadera excitación. Las mujeres fuertes saben cómo complacer a sus hombres en la cama y exigir lo que quieren, y esto es demasiado irresistible para dejarlo pasar. Piensa en Sharon Stone en la película *Instinto Básico* o en Mila Jovovich en la película *Resident Evil*.

¿Qué hombre puede resistirse a una verdadera tentadora?

La mujer alfa busca un hombre absolutamente independiente, tanto económica como psicológicamente. Debe tener un ego sano y su propia opinión, aficiones y amigos. Una mujer alfa busca un compañero igual, alguien con quien caminar, no detrás ni delante. Una cosa que los hombres apreciarán en una mujer fuerte es su profundo aprecio por su libertad, y ella aprecia de verdad a un hombre que la respete. Las mujeres no soportan que las restrinjan de ninguna manera. A los hombres también les encanta su libertad, así que puede ser una situación en la que todos salgan ganando, una vez que os aseguréis de pasar el tiempo adecuado juntos e íntimamente.

Las mujeres fuertes quieren que las desafíen. Quieren competir con su pareja intelectual, física y emocionalmente. Suelen mantener en vilo a los hombres en todo momento, y es casi imposible ignorar o descartar a una mujer poderosa a la que también le gusta esforzarse, es ambiciosa, tiene éxito y es capaz. Todas estas son cualidades admiradas en otros hombres, por lo que a menudo se emocionan cuando encuentran estas mismas cualidades en una mujer por la que se sienten atraídos.

Hoy en día, las parejas buscan formas de mantener su relación e interacción intensas, íntimas y excitantes. Las Relaciones Lideradas por Mujeres y los Matrimonios Liderados por Mujeres ofrecen más formas de mantener la vida interesante con varias áreas adicionales que explorar. Quizá tu Reina desee el cornudo, o quizá ambos queráis añadir el elemento de dominación y sumisión con azotes, BDSM y juegos de rol. Tal vez prefieras la libertad de la no monogamia consensuada, en la que puedes mantener una relación comprometida y tener la libertad de explorar otras parejas.

Las mejores actividades para las parejas en relaciones y matrimonios de éxito son las que se hacen juntos. Algunas preguntas que puedes hacerte para determinar las actividades adecuadas son ¿Puede hacerse con regularidad? ¿Os gusta a los dos? ¿Podéis comunicaros adecuadamente? Lo bueno de las Relaciones Guiadas por Mujeres es que tú y tu Reina podéis explorar juntas y hay infinitas formas de cambiar las cosas. A los hombres también les encanta la variedad. Los hombres ansían una mujer que sea naturalmente misteriosa y excitante. Eso es lo que mantiene vivo el picante.

Con demasiada frecuencia, las parejas se meten en un atolladero del que no pueden salir porque el origen de las relaciones habituales es el paradigma anticuado del patriarcado. La mayoría de las mujeres, si son sinceras, no quieren ser esclavas de un hombre. No va a elegir hacerle una mamada a su hombre o tener relaciones sexuales durante 5 o 10 minutos, y luego tenerlo todo hecho una vez que él se corre por encima de su propio placer y deseos. Con demasiada frecuencia, las mujeres atrapadas en relaciones normales son infelices en el fondo porque siguen insatisfechas. Los hombres pueden sentir cuando la reina está enfadada e insatisfecha, y eso tensa aún más la relación.

En general, las mujeres tienden a estar más en contacto con el miedo, el dolor, la depresión y la pérdida que sienten en sus relaciones actuales, que enlazan con el pasado. Mientras que los hombres tienden a estar más en contacto con su ira. Los hombres no reciben mucha simpatía o empatía cuando se muestran enfadados o exigentes, pero a menudo su enfado es una tapadera del dolor y el miedo que sienten.

En una FLR, tanto tú como la Reina os centráis cada día en las necesidades del otro. La tendencia a distanciarse y aburrirse es rara, porque la atención se centra en el interior. Tú la colocas en un pedestal y aprendes a adorarla como es debido, y ella, a su vez, te recompensa con más excitación, buen sexo regular y una sensación general de positividad y felicidad. Los hombres desean más a una gatita ronroneante que a una leona feroz.

# CAPÍTULO 4

# Niveles de una relación dirigida por una mujer

Todas las relaciones y matrimonios no son iguales, e incluso las Relaciones Lideradas por Mujeres pueden adoptar formas diferentes. El amor es increíble. Pero el amor también es complicado y confuso. Las relaciones son un reto y rara vez son sencillas. ¿Cómo podemos sacar lo mejor del amor en nuestras vidas, especialmente en lo que se refiere a las relaciones románticas? Aprendiendo y trabajando para ser las mejores compañeras que podamos ser. En una Relación Liderada por Mujeres, el éxito se produce cuando se han establecido normas, directrices y límites. Esto significa que cada relación o matrimonio será diferente y tendrá distintos niveles de control. Pase lo que pase, la base de una Relación Dirigida por Mujeres es que la mujer está al mando.

He aquí los distintos niveles de control en una relación dirigida por una mujer:

## Nivel 1

El nivel más bajo de una mujer FLR implica tener una cantidad limitada de control y tomar la iniciativa en algunas decisiones, pero no en todas. Su dominio también puede extenderse al dormitorio, lo que puede hacer que la vida sexual sea más excitante. En general, en el nivel más bajo, las parejas se inician en la FLR. Normalmente, el hombre mostrará su servicio a la Reina permitiéndole tomar el control de las actividades diarias, las salidas, los horarios de los niños y la televisión. Ésta es una forma estupenda de iniciar tu viaje liderado por una mujer y ayuda a tu Reina a acostumbrarse a llevar la iniciativa. Considéralo el trampolín para pasar a otros niveles.

También es un buen momento para que los hombres aprendan a adaptarse a su papel de caballeros solidarios. Ambos podéis resolver las complejidades de adoptar estos nuevos papeles, y puede representar el punto de inflexión para pasar de una relación normal a una FLR. Aunque este nivel de luz rara vez se representa, es un punto de entrada importante para la mayoría de las parejas que quieren construir una relación duradera con éxito.

## Nivel 2

En el siguiente nivel de una Relación Liderada por Mujeres, el papel de la mujer como pareja dominante empieza a ser un poco más serio. Empezará a llevar la voz cantante en más ámbitos de la relación y a dominar más a su hombre también en el dormitorio. El hombre puede asumir papeles más tradicionalmente "femeninos" en la relación, como ocuparse de la casa, ocuparse de los niños y realizar más tareas domésticas.

En este nivel, tu Reina asumirá la responsabilidad de los horarios diarios y tendrá una agenda de obligaciones por escrito. Por lo general, controlará las finanzas y decidirá sobre las actividades, la delegación de tareas domésticas y cualquier otra decisión seria que haya que tomar. También puede decidir cómo debe progresar el sexo y si, como pareja, empezaréis a explorar el cornudo, el hotwifing o cualquier otra forma de condimentar la vida sexual.

Este segundo nivel es ideal para las parejas que están satisfechas con el nivel inicial y lo han hecho durante al menos seis meses. No pases a este nivel si hubo grandes dudas en el nivel más bajo. En este punto, deberíais estar contentos y entusiasmados por estar ya en un

Relación dirigida por una mujer. Muchas parejas se quedan en este punto y son perfectamente más felices permaneciendo aquí.

## Nivel 3

El tercer nivel de una FLR implica la sumisión total a los deseos de la Reina. Es a su manera o en la carretera. Los hombres deben aprender a someterse por completo, y te recomiendo que empieces tu estudio con mi libro *Punto de inflexión*, que te ayudará a abordar cualquier condicionamiento pasado que pueda estar frenándote. Es en este nivel donde la

La reina puede introducir el hotwifing, el cornudo, los azotes y algo de BDSM si lo desea. Puede que ella quiera dirigir todas tus actividades sexuales.

Tu deber de servirla cada día se volverá extremadamente importante. Puede que decida que la castidad y el control del orgasmo son necesarios, y puede que prohíba la masturbación para asegurarse de que toda tu atención se centra en ella. La tratarás como a una reina en todo momento, nunca la interrumpirás, nunca le levantarás la voz y pasarás cada momento asegurándote de que esté complacida. También tendrá la responsabilidad de asumir el control total y dirigir todas las actividades, acontecimientos y sucesos de la casa.

Puede hacerse cargo de las finanzas.

El sexo es para el placer de la Reina, y debes asegurarte de que tus habilidades orales están perfeccionadas. Puedes consultar mi libro *Sexo oral para mujeres*, en el que obtendrás toda la instrucción necesaria para complacer adecuadamente a tu Reina. Debes satisfacer sus necesidades antes que las tuyas. La comunicación será obligatoria en este punto, porque tendrás que identificar cuáles son sus necesidades y qué cambios hay que hacer. Necesitarás comunicarte en todo momento.

## Nivel 4

El nivel más extremo de una Relación Liderada por Mujeres es aquel en el que la Reina exige que su hombre sea su sirviente. La mayoría de las parejas no necesitan llegar a este nivel, pero a muchas les encantan sus extremos. El hombre puede ser sisificado, y convertirse literalmente en el sirviente de su Reina. Ella puede decidir meterlo en una jaula o en un rincón de tiempo muerto, castigarlo, darle azotes, bondage y mucho más. Puede decidir cornudar y que su Toro la domine mientras su hombre os sirve a los dos. A menudo se crea un contrato formal para definir las obligaciones de su hombre al servicio de la Reina.

Aunque este nivel sea extremo, debe haber pleno consentimiento tanto tuyo como de tu Reina. Debes analizar si realmente te produce placer estar en servidumbre, encerrado y completamente controlado, a veces de forma inhumana. Tu Reina también debe decidir si esto es lo que quiere. Este nivel extremo está reservado a las parejas que están totalmente dispuestas a llevar su FLR a un nivel extremo. Las actividades de este nivel no son obligatorias. Un ejemplo inverso de esto se dio en la película *Cincuenta sombras de Grey*. Christian exigió a Ana que firmara un contrato y estuviera a su entera disposición en todo momento. También tuvo que recibir azotes y muchas sesiones en su habitación privada.

Del mismo modo, a la inversa, esto es lo que ocurre en una Relación Liderada por Mujeres en el nivel extremo. Las palabras seguras deben ponerse en práctica y la comunicación sobre los límites se vuelve muy importante y no debe saltarse. Algunas parejas disfrutan de la formalidad de la Reina vestida de cuero y látex, y tú, el hombre, vestido de mariquita o con la ropa de sumisión que ella elija. Ella puede decidir qué ropa os ponéis, dónde salís y si quiere que te pongan el collar y te pinchen con regularidad. Lo importante es recordar que ambos queréis llevar vuestra relación a este nivel y que hay un acuerdo mutuo.

Es esencial comprender la diferencia entre ser una dominatrix y una Reina. La versión *Amor y Obediencia* de la

Relación Dirigida por Mujeres se encuentra entre el nivel uno y el tres. Aunque soy consciente de que se da el nivel cuatro, una Relación Dirigida por Mujeres debe funcionar primero como una relación o matrimonio de éxito. En caso de que ya estés en una FLR exitosa y quieras añadir elementos de Femdom, éstos están a tu disposición.

El BDSM, los azotes, el D/S, el juego de la edad, la sisificación, la castidad y otras actividades se consideran versiones más intensas de la FLR amorosa, pero tú y tu Reina tenéis la opción de explorar tan poco o tanto o actividades más intensas como deseéis. Sólo debes comprender que estar en una Relación Liderada por Mujeres no significa que tu Reina tenga que ser una dominatrix. A los medios de comunicación les encanta presentar a las mujeres dominantes como crueles e inhumanas, pero esto no favorece la construcción de un matrimonio o una interacción satisfactorios ni conducirá necesariamente al éxito a largo plazo. La dominación femenina nunca debe utilizarse como una oportunidad para el abuso.

Siempre debe haber consentimiento tanto tuyo como de tu Reina.

Siempre pienso en el Síndrome General de Adaptación (SGA) de Hans Selye, en el que afirma que un organismo sometido a estrés puede fortalecerse si el factor estresante es sólo intermitente. Si el factor estresante es continuo y prolongado, el organismo acaba muriendo. Creo que lo mismo ocurre con las relaciones: la crueldad sólo puede llegar hasta cierto punto antes de volverse destructiva. El objetivo de una mujer que toma el control no es ser cruel, aunque ocurre con las dominatrices y sus clientes. La diferencia es que a una dominatrix le pagan por administrar lo que el hombre quiere en términos de crueldad, castigo y disciplina como parte de sus deseos más profundos. Porque, en esencia, se le paga para que haga lo que el hombre desea, lo cual, en mi opinión, no está dirigido por una mujer.

Por tanto, no es aconsejable que tu Reina se convierta en una dominatrix para ser dirigida por una mujer. Si ella desea introducir algunas prácticas de dominación y diversión, como azotes suaves, BDSM, vestirse de cuero para condimentar vuestros momentos divertidos y sexys, entonces está permitido. En mi libro *Femdom* hablo de cómo aumentar la intensidad de la Relación Guiada por Mujeres añadiendo elementos de azotes, castigos, disciplina en la relación y mucho más. Los niveles suaves de una FLR pueden ser más cariñosos e implicar que sigas las directrices de tu Reina y le permitas tomar las decisiones y llevar la iniciativa en el dormitorio.

Las Relaciones Lideradas por Mujeres tienen más que ver con lo que ocurre en la vida cotidiana y con tus interacciones. Una Relación Liderada por Mujeres sólo tiene éxito si es amorosa y ambas personas pueden sentirse apreciadas, queridas y respetadas en sus papeles. Tu Reina seguirá siendo cariñosa y sexual mientras ella dirija, y tú puedes seguir siendo respetuoso y comprensivo mientras seas sumiso. Hay muchas razones por las que hombres y mujeres eligen una Relación Liderada por Mujeres. En algunos casos, se trata simplemente de que una mujer agresiva y un hombre pasivo encajan de forma natural. En otros casos, un hombre alfa reconoce los beneficios que su liderazgo aportaría a la relación, y convence, enseña o reprograma a su hombre para que acepte su amorosa autoridad femenina sobre él y le dé la dirección adecuada. Estas enseñanzas me han llevado a comprender las reglas que los hombres deben observar para crear la mejor Relación Liderada por una Mujer.

Si los hombres comprenden estas reglas desde el principio, las mujeres experimentarán menos estrés y ansiedad por tener que formar o reprogramar a sus hombres sobre cómo comportarse y servir a diario. Si los hombres siguen las normas, la relación será en general positiva, gratificante y satisfactoria.

# CAPÍTULO 5

# Tipos de hombres sumisos

Hay distintos grados de sumisión en las Relaciones Lideradas por Mujeres y distintos tipos de hombres sumisos. ¿Qué tipo de sumiso querrás ser para tu Reina? Cuando emprendas el camino de explorar este papel moderno del hombre sumiso, te sentirás inseguro sobre cómo debes comportarte, qué debe implicar tu relación y cómo encaja todo en la forma en que es y debe ser la sociedad.

A todos nos han enseñado que los hombres deben ser varoniles y alfa, conocer a la mujer de sus sueños, asumir el control del trabajo y del hogar y tomar todas las decisiones de la vida. Los hombres tampoco deben llorar ni emocionarse.

Sin embargo, todo esto se basa en un condicionamiento defectuoso, que se ha demostrado perjudicial y destructivo para el crecimiento de los hombres. Cuando se trata de ser sumiso, debes sentirte libre para explorar cualquier nivel de sumisión que funcione para ti y para tu Reina. He aquí los distintos niveles de sumisión que deberías explorar y los tipos de hombres sumisos.

## Caballero Solidario

Un caballero solidario es un hombre que se comporta de forma amable y caballerosa con las mujeres. Los caballeros solidarios suelen ser hombres alfa en la sociedad en general y poseen las cualidades de un hombre tradicional, pero su conducta se ajusta a un elevado estándar de comportamiento correcto, respeto, obediencia y servicio a su Reina. Un nuevo término para este tipo de hombre es "esposa masculina", que se ha descrito como un hombre que elige ser sumiso a su esposa, que es esencialmente la jefa o la mujer que manda.

Piensa que el caballero solidario es como un Caballero del Reinado. Eres un hombre al servicio de Su Majestad. Adoras, amas, obedeces y sirves a tu Reina. Puede que domines en la sociedad, pero cuando se trata de tu Reina, eres sumiso. Los caballeros solidarios suelen vivir en relaciones monógamas con sus Reinas, que les proporcionan todos los servicios que desean. El caballero solidario es la versión más ligera de la sumisión. Tu Reina asume todo el poder y el liderazgo del hogar y en el trabajo, pero tú recibes su dirección y, en este sentido, también eres sumiso en la cama.

Sin embargo, muchas parejas practican la FLR en casa mientras son libres de llevar una vida normal fuera de ella. Así, como el caballero que apoya, tú sigues siendo dominante y mandando en el trabajo. Esto funciona para las personas que están explorando las Relaciones Lideradas por Mujeres. Puede que hayáis decidido que os interesa ser sumisas y estéis añadiendo aspectos de la FLR a vuestras vidas.

El caballero sumiso es el defensor de la Reina. Está ahí para ser su más firme defensor y sólo a través de tu servidumbre y tu deseo de someterte a ella puede acceder al poder como

Reina. Los caballeros comprensivos pueden tomar las riendas en el trabajo y ser líderes en sus sectores. Disfrutarán de la dualidad de papeles porque agradecen el alivio de tener una mujer fuerte que tome las decisiones en casa. Generalmente, en este nivel, las parejas prefieren que las cosas sean ligeras y no se involucrarán en aspectos de femdom, BDSM, disciplina y castigo. Aún puede haber normas y acuerdos, pero la interacción es mucho más la de la Reina, con un caballero leal o jefe del ejército que está subordinado pero sale a luchar por ella y la apoya.

Siempre me ha interesado mucho la dinámica entre reinas como la reina Isabel I y los hombres fuertes que se sometían a ella y, sin embargo, ayudaban a conducir a sus ejércitos a muchas victorias. Creo que fue una de las mejores reinas porque inspiraba respeto a los hombres que la apoyaban.

## Hombre sumiso

Un Sumiso o Sub es un hombre que sigue siendo masculino, pero es libre de explorar su lado emocional y más suave. Suele ser más agradable y más hábil para manejar todo tipo de tareas, como el trabajo, las tareas domésticas y el cuidado de los niños, al tiempo que tiene una gran empatía, comunicación y capacidad de escucha. El hombre sumiso o sumisa ha tomado la decisión de renunciar voluntariamente a parte o a todo su poder y control masculinos y entregarse a una Reina dominante. Si eres sumiso, eliges permitir que tu Reina tome el control sobre ti. Éste es el siguiente nivel de sumisión, una versión más intensa que la del caballero sumiso.

El hombre sumiso puede serlo en el trabajo y fuera de casa. Siempre me ha encantado que un hombre demuestre que es sumiso y me trate con respeto en lugares como el trabajo, el gimnasio y los eventos. Hay poder en la sumisión, y los hombres sumisos que muestran respeto a las mujeres están muy solicitados. Como sumiso, has aceptado tu deseo de ceder el control a una mujer superior. En general, serás sumiso en todo momento, cuando estés con tu

Reina en casa y fuera de ella. Los hombres sumisos pueden tener un doble papel en la cama, donde son la pareja principal de la Reina, sirviéndola y asegurándose de que se sienta sexualmente satisfecha, pero también pueden explorar la no monogamia consentida con el cuckolding y el hotwifing, donde interviene una tercera pareja externa.

Por lo general, el Sub estará observando o ni siquiera estará presente durante las interacciones sexuales. Puedes explorar la castidad y se te encomendará la tarea de complacer oralmente a tu Reina en todo momento. El sexo es para el placer de la Reina es la primera regla de las Relaciones Lideradas por Mujeres, por lo que es importante comprender que tu único propósito en tu papel de sumisa es complacer a tu Reina. Las prácticas consensuadas de no monogamia no son obligatorias como parte de la sumisión. Tú y tu Reina sois libres de explorar el D/S y cualquiera o todas las actividades que deseéis.

## Un mariquita

Un mariquita es un hombre que idolatra tanto a las mujeres que desea feminizarse. Quiere abandonar toda su masculinidad y volverse lo más femenino posible. Le gusta llevar lencería femenina, vestirse con ropa femenina, maquillarse y comportarse de forma totalmente femenina. Más allá del sumiso, ha tomado la decisión de renunciar voluntariamente a todas sus cualidades masculinas y entregarse por completo a su Reina dominante. El entrenamiento de mariquitas es un proceso en el que los hombres sumisos aprenden a asumir papeles tradicionalmente femeninos. El sumiso, conocido como mariquita, aprende a adoptar comportamientos ultrafemeninos y a realizar actividades femeninas bajo la dirección de su pareja dominante. El entrenamiento de mariquitas suele realizarse como parte de una escena de juegos de rol BDSM o de un estilo de vida BDSM.

Tras adoptar una personalidad completamente femenina, las reinas ya no consideran hombres a los mariquitas y rara vez realizan actos sexuales con ellos. Suelen ser cornudos con regularidad y humillados por su virilidad perdida por sus Reinas. Pero las mariquitas agradecen la oportunidad de explorar y mostrar libremente su feminidad. Muchos hombres empiezan con el travestismo como primera experiencia de ser mariquita, y luego pasan al papel completo. El travestismo y el afeitado del cuerpo son otros elementos comunes del entrenamiento sissy, ya que ayudan a transformar el cuerpo masculino en uno de apariencia más femenina.

La sisificación o entrenamiento de mariquitas es el proceso por el que un hombre sumiso se castra a sí mismo y adopta rasgos de personalidad o papeles normalmente asociados a las mujeres. De hecho, se convierte en una caricatura de lo que es una mujer, basándose en los estereotipos sociales. Esto puede incluir cualquier cosa, desde llevar vestido y mallas para suavizar el lenguaje corporal, llevar mucho rosa o responder sólo a un nombre femenino. Lo que ocurre durante el juego de mariquitas depende totalmente del papel de mariquita elegido por la pareja sumisa.

Por ejemplo: Una "Sissy criada" cocina, limpia y quiere encargarse de las tareas domésticas, mientras que una "Sissy infantil" interpreta el papel de una joven que no puede hacer nada por sí misma. Algunos juegos de mariquitas son una forma de humillación, mientras que otros se centran más en la inversión de papeles, el juego de edades y los aspectos de género. Se supone que muchas mariquitas son homosexuales, pero esto es falso. Las mariquitas agradecen la oportunidad de estar bajo el entrenamiento de una poderosa mujer alfa o dominatrix. Muchos mariquitas disfrutan tanto con el papel que preferirían estar con mujeres y tener este tipo de influencia e interacción. A las mujeres también les encanta porque comparten muchos aspectos de la feminidad y tienen mucho en común.

## El esclavo

Cuando un hombre es esclavo, es un sumiso que cede su poder a un dominante o amo. Un esclavo pasa a ser considerado propiedad de su dominante. Ha abdicado voluntariamente de su libertad, lo que difiere del uso tradicional de la palabra "esclavo". Como esclavo, un hombre sigue dando su consentimiento para ser controlado completamente por la Reina.

Ella dicta todos los aspectos de su vida con muy poca aportación por su parte.

Las esclavas son responsables de satisfacer todas las necesidades y deseos de su Reina. Atienden sus necesidades sexuales, preparan sus comidas, mantienen limpia su casa y le proporcionan apoyo emocional y compañía. Las Reinas pueden hacer que sus esclavas entretengan a sus amigos o sirvan a otros durante eventos o fiestas.

A los esclavos se les puede pasear con collar y correa. Este papel se reserva para las versiones más intensas de la femdom. Algunos hombres pueden querer añadir aspectos de esclavitud y entrenamiento de esclavos a un papel sumiso en una Relación Liderada por Mujeres, pero un verdadero esclavo suele estar en este papel y bajo el control de su Reina 24 horas al día, 7 días a la semana, 365 días al año. Ahora te preguntarás por qué un hombre querría asumir esta posición extrema. Simplemente porque desea la experiencia de la sumisión total, en la que prefiere ser controlado y que su Reina controle cada decisión y aspecto de su vida.

En muchos sentidos, los hombres se sienten extremadamente libres. Libres de las tensiones de la vida de tomar decisiones, fijar objetivos, planificar y ejecutar. Un esclavo se limita a hacer lo que la Reina le ordena, y vive para satisfacer todos sus deseos. Los esclavos suelen estar totalmente supeditados a sus parejas dominantes. Deben pedir permiso antes de hacer nada y estar disponibles para lo que les pida el dominante. Deben realizar las tareas diarias y trabajar duro para obtener la aprobación de su dominante. Los esclavos suelen ser castigados si se desvían de sus obligaciones. También pueden recibir recompensas por su buen trabajo, como completar todas sus tareas del día o mantener un buen comportamiento durante un periodo prolongado.

Las relaciones entre los esclavos y sus reinas pueden variar. Algunas relaciones permiten negociar más que otras. Algunos esclavos firman contratos de esclavitud en los que todo se establece específicamente y las normas están escritas, mientras que otros prefieren cambiar las cosas sobre la marcha. Lo importante que decidáis tú y tu Reina es cuánto control tendrá sobre ti, y debes asegurarte de que ése es realmente el papel que deseas desempeñar en su vida. Una vez tomadas estas decisiones y establecidos los acuerdos, la vida tiende a ir mucho más fluida.

# CAPÍTULO 6

# ¿Por qué a los hombres les gusta la sumisión?

¿Por qué a los hombres les gusta ser sumisos? Desde la infancia, a los hombres se les enseñó a respetar a sus madres, que seguirán siendo una figura femenina dominante en sus vidas. Además, desde hace décadas, a los hombres siempre les ha fascinado el poder de una mujer fuerte. Creo que la verdadera naturaleza de un hombre es su deseo más profundo de someterse a una Reina poderosa. Luchará contra ello, lo ignorará o lo odiará debido al condicionamiento patriarcal, pero una vez que reconoce que la dominación femenina es lo que anhela, la abraza y se libera. Es capaz de expresar sus fantasías más íntimas, y lo vemos cada vez más en sus publicaciones en las redes sociales y en sus elecciones pornográficas.

¿Por qué se dispara el porno femdom a casi un millón de búsquedas al mes si no fuera por el creciente deseo de dominación femenina? Los verdaderos deseos de los hombres se expresan en sus fantasías, y exploran estas fantasías a través del consumo de porno cuando hay ausencia de una mujer fuerte y dominante en sus vidas. Un hombre aprende pronto que la sumisión total a una Reina es lo que más desea en la vida y porque está constantemente buscando el propósito de su vida. La sumisión se alinea con sus deseos más profundos de entregarse a una Reina poderosa.

Desde la noche de los tiempos, los hombres salían a la naturaleza, se enfrentaban a graves peligros, cazaban y mantenían a sus familias. ¿Por qué? Porque sabe que sirve y protege a su Reina mediante esta rutina diaria. Se esperaba que los hombres fueran a la guerra y lucharan en los ejércitos, cosa que él hizo para cumplir su deber de proteger a la Reina. Si los hombres no tuvieran este deseo interior de servir y proteger a las mujeres, éstas habrían sido entrenadas hace mucho tiempo para hacer lo mismo. Un hombre muestra su máxima sumisión mediante el servicio a su Reina.

Los hombres sumisos suelen desear someterse a la autoridad de otra persona, como su Reina. Se sienten cómodos en este papel y tienen una mentalidad orientada al servicio, encontrando la paz en recibir instrucciones de su Reina, a la que respeta y admira. Las relaciones sumisas sanas son conscientes y consensuadas. El hombre sumiso decide conscientemente que ésa es la vida que quiere llevar. En todas las relaciones, románticas o profesionales, siempre hay una persona que ha aceptado tener el poder de dirigir y tomar decisiones. Lo vemos en las empresas, los países, los gobiernos y, ahora, en el hogar.

Existe una gran confianza para que el hombre sumiso consienta en acatar las normas de su Reina, y no siente ninguna amenaza a su valor porque es lo que él elige.

Para los hombres, ser sumiso es hacer realidad sus mayores fantasías. El deseo de un hombre de ser dominado por una gran mujer es tan fuerte que comienza voluntariamente su exploración sometiéndose a una dominatrix. Explorará el dolor, se someterá a tus caprichos e incluso pagará para sentir el miedo y la excitación de ser dominado. La emoción de lo desconocido y la anticipación son demasiado irresistibles para él. Las fantasías de los hombres son expresiones de sus deseos más íntimos, así que cada sesión con su Reina que implique dominación y sumisión le excita y le permite explorar plenamente sus deseos más profundos. Cuando un hombre encuentra por fin a la Reina de sus sueños, ya puede pasar de los desencadenantes intermitentes de las sesiones de dominación y sumisión a la vida cotidiana. Ahora puede vivir sus verdaderas fantasías de sumisión cada día.

Qué podría ser mejor que una relación con la Reina dominante de sus sueños y la oportunidad de explorar cada día la vida dirigida por una mujer? Creo que no es sano que los hombres repriman estos impulsos y nunca tengan la oportunidad de experimentar su deseo de someterse a una Reina debido al condicionamiento patriarcal o a la creencia de que ser sumiso es tabú. Es importante entender al hombre sumiso para comprender cómo le satisface el estilo de vida de dominación femenina.

No todas las relaciones de dominación femenina son iguales. Algunas son más avanzadas que otras, en función de los deseos de las personas implicadas. Algunas parejas lo mantienen confinado al dormitorio, y es aquí donde los hombres llegan a experimentar una gran excitación sexual al ser dominados sexualmente por una mujer fuerte. Disfrutarás siendo inmovilizado mientras tienes los ojos vendados, y tu Reina se pone encima y te azota. Se hará lo que tu Reina desee.

Cada vez más parejas añaden la dominación femenina para dar sabor a su vida sexual. Otras lo llevan fuera del dormitorio y a su vida cotidiana. Para estas parejas, la dominación femenina y la sumisión masculina son más un estilo de vida y un sistema de creencias. Independientemente de las actividades, he descubierto que la mayoría de las parejas que mantienen Relaciones Lideradas por Mujeres tienen mejores matrimonios y relaciones. También parecen disfrutar de una intimidad más profunda y de una vida sexual más satisfactoria.

Como parte de la sumisión, algunos hombres también desean castigos, como azotes y palizas, feminización forzada, vestirse con ropa de mujer, ser tratado como un mariquita débil y patético, humillación, pegging, deportes acuáticos (por ejemplo, enemas forzados o duchas doradas), castidad (por ejemplo, llevar la jaula de castidad), confinamiento (por ejemplo, estar encerrado en una jaula), y más. La gama de dominación variará de una pareja a otra, por lo que es fundamental tener muy claro el nivel de dominación que deseas y comunicárselo a tu Reina desde el principio.

En el fondo, los hombres desean adorar a su mujer atendiendo a sus necesidades físicas y sexuales, y están dispuestos a convertirse en siervos domesticados de sus Reinas. Por encima de todo, los hombres anhelan una mujer poderosa y superior a la que puedan entregarse por completo y dedicar su vida al servicio. ¿Por qué si no muchos eligen a las mujeres que más se parecen a sus madres para relaciones duraderas? Quieren admirar a una Reina, ser dirigidos por ella y servirla en sus momentos más íntimos.

Los hombres no pueden resistirse a una mujer inteligente que se considera Reina en todas las cosas. No se trata del dinero que se gasta en una Reina, sino de que, durante siglos, las mujeres poderosas han sido capaces de controlar a los hombres poderosos y ponerlos de rodillas en actos de completa sumisión y rendición. Pensamos en Cleopatra, Ana Bolena, la reina Isabel I, Catalina la Grande y tantas otras. Los hombres desean mujeres que cumplan sus sueños de una Reina poderosa que les dirija, lidere y ame, pero que les acepte por lo que son.

# CAPÍTULO 7

# ¿Por qué desean los hombres a una reina?

¿Qué hace que una mujer que es Reina sea tan deseable? ¿Cuáles son algunas de las cualidades que poseen por encima de todas las demás mujeres? Una Reina es una mujer de alto valor, y es muy consciente de quién es. Irradia confianza y gracia en todo lo que hace. Algunas mujeres del pasado que se considerarían Reinas son Grace Kelly, la difunta reina Isabel II, Elizabeth Taylor e incluso la princesa Diana. Estas Reinas poseen fuerza de carácter y la gente gravita hacia ellas. Las mujeres que son Reinas adoptan una actitud similar y suelen ser muy inspiradoras tanto para las mujeres como para los hombres que deciden someterse a ellas.

Una mujer de alto valor no teme defender aquello en lo que cree, independientemente de las opiniones de los demás. Una de las cualidades que hacen tan deseable a una reina es su capacidad para ser autosuficiente. A muchos hombres les encantan las mujeres que saben cuidar de sí mismas sin ayuda. Además, es amable, segura de sí misma, inspiradora, audaz, sincera, dedicada y honesta. Las reinas son atractivas para los hombres porque no comprometen sus principios siguiendo ciegamente a los demás. Da a conocer su opinión y respalda sus afirmaciones con hechos. Pero también está abierta a que la corrijan cuando es lo correcto. Lo que te gusta de las Reinas y por qué ansías una relación dirigida por una mujer es lo siguiente:

## Amabilidad

La compasión es una de las armas más potentes con las que cuentan las personas de alto valor

Las reinas esgrimen. No desprecia a nadie porque confía en sus propias capacidades y sabe cómo tratar a los demás. Es regia. Por lo tanto, utiliza su corazón bondadoso para ayudar a la gente en lugar de derribarla. Fíjate en los grandes monarcas y reinas de todos los tiempos. ¿Por qué se les amaba? Porque eran amables y compasivas. Siempre he pensado que la difunta princesa Diana sería una reina excepcional, porque tenía un corazón bondadoso y la gente la quería de verdad.

## Interesante

Las reinas nunca dejan de aprender ni de valorar la superación personal, y tú, como su caballero sumiso, sentirás esa pasión y ese entusiasmo por la vida. Será contagioso, y es lo que hace que estés tan obsesionado con ella. Podéis estar casados o juntos 1 año o 20 años, y ella seguirá siendo una obsesión para ti una vez que os unáis en una Relación Liderada por Mujeres. Siempre encontrarás a una Reina en lugares interesantes: viajando, en museos, eventos, convenciones, clases de cocina o arte, CrossFit o haciendo deportes extremos.

Las Reinas creen en los retos y no tienen miedo de salir y aprender cosas nuevas. Los hombres siempre están ansiosos por encontrar una Reina, pero una vez que la hayan encontrado, cómo seguirle el ritmo será su reto. Las Reinas necesitan un hombre que pueda seguirles el ritmo y apoyarlas en sus intereses. Si te gusta sentarte en casa a jugar a videojuegos y beber cerveza, probablemente una Reina no sea para ti. Las mujeres de alto valor buscan hombres que puedan tener un propósito en sus vidas, así que es importante que tú también tengas intereses similares.

## Alta autoestima

Una Reina se comporta de forma diferente. Tiene una gran autoestima y cree en sí misma. No permite que nadie la trate de menos. Estas mujeres suelen dedicar tiempo a trabajar diariamente para ser la mejor versión de sí mismas. Dedican tiempo y energía a conseguir logros y muchas tienen mucho éxito. Una Reina necesita un hombre que le muestre el respeto que merece porque se lo ha ganado. Tiene confianza en su propia vida, y esperará que la apoyes en su búsqueda del éxito.

## Grandes dotes de comunicación

Te darás cuenta de que tu Reina tendrá una capacidad de comunicación superior a la media y no tendrá miedo de discutir las cosas.

Cuando expresa sus emociones y pensamientos vocalmente, no duda. Si sabe que puede ofender a otros, será diplomática al expresarse. Del mismo modo, cuando se trata de pedir algo que le resulte beneficioso, siempre se atreve a decir lo que piensa. Esto es lo que hace que una relación con una Reina sea tan interesante. No tendrá ningún problema en dominarte, ya que está acostumbrada a dar órdenes y a discutir todos los temas. La comunicación es clave en cualquier matrimonio o relación, por lo que es importante estar con una mujer que sea buena comunicadora.

## Las reinas nunca se rinden

Cuando se trata de perseguir sus sueños, las Reinas no se rinden. Están en ello a largo plazo y a menudo saben exactamente lo que quieren de los hombres, de la vida y del amor. Por eso tu Reina necesita todo tu apoyo para dar lo mejor de sí misma. Tienes un papel real que desempeñar en su evolución y viceversa. Hay un crecimiento real en vuestra unión, por eso un FLR o matrimonio dirigido por una mujer es una experiencia tan enriquecedora y transformadora. Tu único propósito en la vida es ser el mejor caballero sumiso y comprensivo que puedas ser y aprender a apoyar a tu Reina para que ella pueda asumir su poder y ser la gran líder que puede llegar a ser.

# CAPÍTULO 8

# Responsabilidades de la Reina

C omo has visto, la Reina tiene un papel especialmente importante en la Relación Dirigida por Mujeres, en la que controla y dirige el hogar. Para hacerlo con eficacia, debe ocuparse de sus responsabilidades. Las funciones y responsabilidades de tu Reina como dominante en una relación sana son:

## Cultivar

El papel de tu Reina es alimentar tus instintos naturalmente sumisos, ayudándote a aprender a servirla, pero no de un modo que te explote o sea emocionalmente abusivo. Tu Reina debe atenerse a las normas más estrictas, sobre todo cuando espera lo mismo de su hombre sumiso.

## Asumir la responsabilidad

Es importante que tu Reina se responsabilice de todo lo que te ordena y pide. Acepta tu papel y cómo se le permite estar en él. Reconoce tus puntos fuertes, pero también tus puntos débiles. Acepta cuando las cosas van mal y se disculpa cuando es necesario. Debe darse cuenta de que un gran liderazgo conlleva una gran responsabilidad, y nunca debe tomarse a la ligera.

## Es emocionalmente resistente

La Reina debe permanecer tranquila, fría y serena. Cuando las cosas van mal en la vida, como siempre ocurre, no pierde el control ni culpa a los que la rodean. Debe mantenerse positiva y decidida a solucionar las cosas. Se esfuerza por superar los obstáculos y tener éxito en todos los aspectos de su vida. Nunca debe confundir la resistencia emocional con no mostrar nunca emociones. Pero debe hacerlo de forma controlada, de manera que no dañe a los demás ni física ni emocionalmente.

## Ella dirige

La Reina está al mando. Dirige desde el frente, en todos los ámbitos de su vida, y especialmente cuando interactúa contigo, la sumisa. Eso no significa que no escuche tu opinión o siga tus consejos. Por supuesto que lo hace y crece como persona al hacerlo. Dirige sin ser una dictadora. En cambio, utiliza su dominio para animarte, desafiarte, apoyarte y empujarte ligeramente cuando ve que tu naturaleza sumisa te frena o te impide conseguir lo que ella quiere. Los mejores líderes son los que transigen, negocian y escuchan.

## Exige respeto

Una Reina dominante debe ganarse el respeto de su sumisa. Debe confiar en ti, gustarte y haber elegido respetarte.

Ser una sumisa significa que estás eligiendo ponerte en una posición potencialmente vulnerable. Una Reina dominante debe trabajar para construir un fuerte vínculo de confianza y respeto mutuos como base de la dinámica D/S.

## Se comunica bien

Las relaciones dirigidas por mujeres no funcionan sin una buena comunicación.

Punto. Ser una buena comunicadora significa que la Reina debe ser capaz de escuchar y leer el lenguaje corporal no verbal de su sumisa, ser directa cuando sea necesario y hablar con claridad de forma cálida, amable y empática. También debe estar dispuesta a aceptar opiniones y adaptar su comportamiento cuando sea necesario.

## Ella establece las reglas

Quizá el papel más obvio de la Reina dominante es que establece las normas, exponiendo cómo le gusta que se hagan las cosas. Algunas dinámicas de dominación y sumisión se quedan en el dormitorio, en cuyo caso el dominante sería quien ordenara a la sumisa adoptar posturas, y lo que puede y no puede hacer. Si vuestra dinámica va más allá del sexo, entonces podríais establecer otras normas, como que tú seas responsable de la casa, o que ella te traiga una bebida cuando tenga sed, o que te permita pedir por tu Reina en un restaurante.

## Disciplina

Algunos hombres sumisos disfrutan con la sensación de ser disciplinados cuando meten la pata o se hacen los malcriados para obligar a la Reina a castigarles y mostrar su dominio. Creo que algunos hombres sumisos pueden incluso hacer esto inconscientemente como comportamiento derivado de actos de la infancia cuando intentaban llamar la atención de su madre. Una muestra de poder y fuerza es excitante porque es primitivo. Sabes que tu Reina tiene confianza y asertividad, y que puede ser la poderosa fuerza dominante que necesitas.

Esta disciplina que anhelas puede ser un castigo ligero, como que te aten y te azoten con un flogger. Algunas Reinas pueden requerir una forma más seria de disciplina para la que debe haber consentimiento. Esto puede incluir el enjaulamiento, la flagelación, el uso de una cruz, la adición de más deberes, asumir posturas como "mesa de hombre" durante horas, o servirla a ella y a sus amigos. Siempre que haya acuerdo, las parejas pueden llevar la disciplina al nivel que deseen.

## Se Asegura De Que Su Sumisa Esté Atendida

Que te guste servir a tu Reina o ser el que tiene menos poder en la dinámica, no significa que tu Reina pueda tratarte mal. De hecho, tiene que asegurarse de que también se satisfacen tus necesidades. El intercambio que hacéis es que consientes de buen grado todo lo que ella desee hacerte, pero tiene que tener cuidado con lo que te pide y asegurarse de que no sobrepasa tus límites y fronteras. Si tienes una sesión de

BDSM, los cuidados posteriores son muy importantes. Trato estas cuestiones más en profundidad en mi libro *Femdom*.

Parte de las responsabilidades de tu Reina como líder es asegurarse de que ambos obtenéis lo que necesitáis de la asociación. Por eso es tan importante la comunicación. Tienes que ser capaz de salir de la dinámica de poder para mantener conversaciones importantes. Ella no debería obligarte a hacer cosas utilizando un comportamiento agresivo sin tener en cuenta tu seguridad, a menos que sea lo que habéis acordado.

Es importante comprender que, como sumisa, sigues teniendo la responsabilidad de gobernar tu propia vida. No vives para ser un felpudo o un pusilánime, a la espera de que abusen de ti. En toda relación debe haber un toma y daca, y tu Reina y tú debéis comunicaros los límites, las fronteras y las palabras seguras. Tampoco es responsabilidad de tu Reina dictarte lo que tienes que hacer en la vida con respecto a tu carrera, tus objetivos o tus gustos y aversiones. Todo debe respetarse. Como cabeza de familia, ella toma las decisiones con tu opinión. Tu papel es apoyar plenamente a tu Reina de forma comprometida y dedicada, y mostrar siempre respeto. Si hay desacuerdos en la relación o en el matrimonio, os comprometéis a comunicaros y discutir todos los temas abierta y respetuosamente.

# CAPÍTULO 9

# Ventajas de una relación dirigida por una mujer

Una relación dirigida por una mujer tiene numerosas ventajas. En primer lugar, una relación en la que la mujer dirige el hogar garantiza que éste prospere gracias a una toma de decisiones racionalizada y funcione sin problemas. Hay una gran escena en la exitosa serie *Animal Kingdom* en la que la matriarca de la familia lo mantiene todo unido, y una vez que muere, toda la unidad familiar se derrumba y todo está al borde de la destrucción en un par de meses. Pone de relieve el gran poder de las mujeres para mantenerlo todo bajo control.

En las relaciones, el consenso y la aceptación nunca son buenos enfoques para la toma de decisiones, ya que conducen al compromiso. El compromiso significa que ni tú ni tu Reina estáis contentos al 100%, y que cualquier decisión es menos que óptima. Facultar a la esposa o novia para que tome todas las decisiones aporta orden, estabilidad y previsibilidad a una relación. Sobre todo, garantiza la ausencia de disputas y discusiones, lo que da lugar a una unión armoniosa. La investigación sobre el liderazgo está descubriendo que las mujeres son mejores líderes en el trabajo, así que ¿por qué no en el hogar? El liderazgo es la capacidad de una persona de influir en los demás para lograr objetivos comunes. Para lograrlo, un líder debe poseer habilidades que le permitan comunicar eficazmente los objetivos, motivar a los demás, ayudarles a mejorar, darles apoyo cuando lo necesiten y garantizar el bienestar de todos los implicados.

Las mujeres son mejores tanto para comunicarse con los demás como para mostrar consideración, y esto contribuye en gran medida a garantizar un hogar tranquilo y feliz. Además, los hombres han descubierto que, cuando asumen el papel de servir a sus mujeres, se sienten empoderados porque ellas se sienten mucho más felices y apoyadas por poder conseguir lo que quieren. La relación dirigida por la mujer es una situación en la que ambos salen ganando. El resultado son menos quebraderos de cabeza, discusiones y desacuerdos, lo que deja más tiempo para divertirse y sentirse conectado con una comunicación abierta.

Descubrí que las parejas en una Relación Liderada por Mujeres experimentan más armonía porque cada persona tiene claras sus funciones y su código de conducta. Tu Reina se asegurará de que lo que hay que hacer en casa se haga en el momento adecuado, se complete en el orden correcto y se realice bien. En cualquier matrimonio dirigido por la esposa, ella decide lo que es importante que haga su hombre en cada momento. Si el hombre está de acuerdo, la relación será fluida.

Sin embargo, el reto se produce cuando las mujeres y los hombres no están seguros de sus papeles, y esta lucha existe cuando las parejas quieren "igualdad" en una relación. A menudo tengo esta conversación con mis amigos que son líderes y profesionales en sus carreras. ¿Con qué frecuencia se consigue algo si todos en la empresa son iguales y no hay un líder? Normalmente nunca están de acuerdo. Lo mismo ocurre con las relaciones. A las mujeres nos han hecho creer que lo mejor que podemos esperar es la igualdad, pero la igualdad conduce al desacuerdo.

En algún momento, alguien tiene que asumir el liderazgo en la toma de decisiones y la gestión de las actividades cotidianas de la relación. Puede haber entendimientos y "sugerencias" por parte de ambos miembros de la pareja, pero, en general, es necesario el liderazgo. La mujer debe tener la última palabra. Los hombres se someten a sus mujeres como un caballero a su reina.

Generalmente, las mujeres son más hábiles para dirigir en casa y toman la mayoría de las decisiones, incluso en los matrimonios tradicionales. Así que, para los hombres, esto suele aceptarse fácilmente como la forma en que debe ser. En la FLR, esto se ve reforzado porque la mujer sabe que tiene una pareja que la apoya y obedece. Esta obediencia sólo hace que la mujer sea más feliz y más cariñosa con su hombre.

En 2021, publiqué mi libro *Mommy's in Charge* para ayudar a los padres a enseñar a sus hijos el liderazgo femenino y el empoderamiento de la mujer. Cuando una madre dirige, está inspirando a la generación más joven y toda la casa está preparada para los retos de vivir en una sociedad que acabará siendo dirigida por mujeres. Es más que probable que tus hijos sean dirigidos por jefas y experimenten el liderazgo femenino en el futuro. Las investigaciones demuestran que el 40% de los hogares están dirigidos por mujeres y que el 37% ganan más que sus maridos.

Hace treinta años, en los hogares heterosexuales casados, el varón era generalmente el sustentador principal y se le consideraba el cabeza de familia. Incluso entre los hogares casados con dos asalariados, cada vez es más frecuente ver a mujeres como cabeza de familia. Entre los hogares casados, la proporción de mujeres cabeza de familia aumentó 24,3 puntos porcentuales, del 21,8% en 1990 al 46,1% en 2019. Para demostrar el crecimiento de la jefatura femenina, en 1990 sólo el 32,5% de los hogares estaban encabezados por mujeres.

En las tres décadas siguientes, la proporción de hogares encabezados por mujeres aumentó 17 puntos porcentuales, y en 2019, los hogares encabezados por mujeres representaban la mitad de todos los hogares. La educación tiene mucho que ver: en los últimos 30 años, la proporción de mujeres que son cabeza de familia y tienen un título universitario aumentó del 17% al 35%. A pesar de la reducción de la brecha educativa, las mujeres siguen ganando menos que los hombres. La mediana de ingresos de los hogares encabezados por mujeres es casi 20.000 $ inferior a la de los encabezados por hombres. No hay duda de que las mujeres se están haciendo cargo de los hogares y están adquiriendo más influencia en la familia moderna y en la fuerza de trabajo, lo que cambia la dinámica de las relaciones y los matrimonios.

## Equilibrar la energía femenina y masculina

En realidad, los hombres se sienten atraídos por las mujeres debido a su energía femenina divina. Esto se debe a la influencia y el poder de la polaridad sexual. Polaridad significa esencialmente opuestos. En términos de atracción, esto significa que lo divino femenino se siente atraído por lo divino masculino, y viceversa. Lo que hace que una relación liderada por una mujer o un matrimonio liderado por una mujer sea muy superior a una relación liderada por un hombre es el liderazgo y el dominio de la Reina, que puede ayudar a equilibrar las energías femenina y masculina. Como encarna lo sagrado femenino, operará desde su poder femenino.

Lo femenino es la Madre. Es la creadora, la dadora y la portadora de vida. Lo femenino es el cuidador, la figura materna que ama incondicionalmente y de todo corazón. Una mujer femenina es dinámica, fluida y siempre está en movimiento. La mujer que se dice que está en su femenino está en estado de flujo. La energía femenina no es menos poderosa. Pensamos en el poder de la Madre Naturaleza y en los impactos que hemos presenciado en la Tierra.

Tanto los hombres como las mujeres tienen en su interior energía masculina y femenina. Normalmente, una persona tiende a inclinarse más hacia un lado que hacia el otro. Los rasgos de la energía masculina son la presencia, la confianza, la lógica, la racionalidad, la seguridad, la honestidad, la honradez, la fiabilidad, el logro y la dominación. Los rasgos de la energía femenina son dinámicos, fluidos, receptivos, abiertos, intuitivos, confiados, creativos, pasivos, auténticos, cariñosos, vulnerables y solidarios.

Una Reina fuerte puede ayudar a equilibrar ambos lados de esta energía en los hombres. Por tanto, crean una existencia más armoniosa en tu relación dirigida por mujeres. La energía femenina se centra en valores como el amor, la bondad y la asociación. Por el contrario, la energía masculina valora la organización, la estructura, la rutina, los logros y la rigidez. Ambas deben cultivarse a diario. El poder de la fusión de las dos es que, cuando existe una polaridad entre dos personas, experimentamos el encuentro de las energías yin y yang. Hay cooperación y equilibrio mutuos. Abunda la intimidad sexual profunda. La química sexual fluye. Hacer el amor es intensamente apasionado, ardiente y salvaje.

La armonía existe cuando la energía femenina está equilibrada con la masculina. Hay fluidez, suavidad y atracción intensa, y por eso estas uniones tienen tanto éxito y son tan duraderas.

# CAPÍTULO 10

# Reglas en una relación dirigida por una mujer

E stablecer normas y directrices desde el principio contribuirá al éxito de la relación y dará a ambos miembros de la pareja un esquema claro de cómo serán las cosas, para que todos sepan qué esperar. La Reina establece las normas y puede optar por publicar la lista para su consulta diaria. Una vez que la Reina establezca las normas, estaréis obligados a seguirlas, por lo que es imprescindible que estéis de acuerdo con ellas y tengáis conversaciones detalladas al respecto. Tu Reina es ahora tu única figura de autoridad. Mostrarás tu devoción a sus órdenes siguiendo las normas. Esto es lo que diferencia a las relaciones dirigidas por mujeres de las dirigidas por hombres, porque cada uno conoce su papel y las normas ayudan a que las cosas funcionen sin problemas.

Las reglas de una Relación Liderada por Mujeres se establecen para garantizar que tengas pautas sobre cómo prosperar en tu relación. Éstas son algunas pautas que hay que seguir:

## 1. Comprender las funciones y los límites

Tanto tú como tu Reina tenéis que sentiros cómodos y contentos con el establecimiento de una relación. Lo mejor es asegurarse de que los papeles en la relación están claros, y de que ambos miembros de la pareja aceptan sus funciones y saben dónde están trazados los límites. Es crucial la comunicación sobre quién se hará cargo de las responsabilidades y definir claramente las obligaciones y funciones de ambos. Querrás asegurarte de que ambos estáis en la misma página antes de sumergirte en la vida dirigida por la mujer. Una vez establecidos los papeles y los límites, habrá menos discusiones.

## 2. Transparencia y honestidad

En cualquier relación, la transparencia y la honestidad son increíblemente importantes. Tú y tu pareja debéis sentiros cómodos acercándoos el uno al otro si hay problemas con la configuración de la relación. Tanto tú como tu Reina necesitáis sentiros escuchados y libres para expresar vuestros sentimientos y preocupaciones. Siempre sugiero que las parejas tengan una hora de debate una vez a la semana, en la que se fomente una discusión abierta. Lo ideal es un domingo por la noche o por la mañana, durante el almuerzo, para empezar bien la semana. Tú y tu Reina hablad por turnos de la relación, vuestras experiencias, deseos, problemas y dudas. Abstente de ser crítico y nunca interrumpas a tu Reina cuando esté hablando.

## 3. Revisa la relación

Es raro que dos personas sepan exactamente lo que quieren. Puede que una relación dirigida por una mujer funcione ahora, pero puede que no sea lo que funcione para siempre. Dedica tiempo a revisar tu relación periódicamente, asegurándote de que todo el mundo está contento. Si sigues el periodo de discusión semanal, esto puede ser muy útil. De lo contrario, una vez cada varias semanas es obligatorio hablar de tu relación.

## 4. Recuerda el amor

Una Relación Liderada por Mujeres no tiene que ver con el poder, sino que es una estructura a seguir para dos personas que se aman. No caigas en la trampa de preocuparte más por tu papel que por lo que sientes por tu pareja. Tomad decisiones porque os queréis. Centraos en el amor y en la conexión que habéis construido. A veces damos por sentadas nuestras relaciones o matrimonios, y no vemos el panorama general. Es importante recordar el amor y las verdaderas razones por las que estáis juntos.

## 5. Ignora las opiniones

Una cosa que permanece constante es que todo el mundo tiene una opinión. Pero lo que es correcto para una pareja puede no funcionar para otras. Ignora a los críticos. Tú y tu Reina sabéis qué es lo mejor para vuestras vidas. No permitas que las opiniones y críticas de los demás obstaculicen tu exploración y lo que tú y tu Reina decidáis perseguir. La autoaceptación se ha convertido en un tema popular hoy en día, y esto se aplica también a las relaciones. Acepta tus limitaciones y sé sincera sobre tus puntos fuertes y débiles, y comunícalo. Ninguna otra persona puede opinar sobre lo que funciona para ti y tu Reina, así que sé fiel a tus propios objetivos y deseos.

## Las reglas de la Reina para su caballero solidario

1. La Reina dicta las normas.

2. Tu Reina crea una lista de normas, tareas y reglas que debes seguir. Deberían revisarse juntos con regularidad. Esto ayuda a establecer las expectativas y los parámetros de la relación.

3. Establécete como una figura masculina de "Caballero". Ella será tu Reina y tú su caballero, lo que significa que tu propósito en la vida es apoyarla y estar a su lado. Debes dirigirte a ella como "Reina", "Señora" y "Diosa" tanto como sea posible.

4. Sé respetuoso con sus deseos y anhelos en todo momento, incluso cuando no estés de acuerdo. Permítele expresar sus opiniones y escúchala atentamente. Esto no siempre es fácil para los hombres, ya que querréis poneros a la defensiva, en guardia y en silencio cuando os enfrentéis a ella. En general, las mujeres quieren que las escuchen, y a menudo necesitan un buen oyente. Así que sé ese confidente para ella, alguien con quien pueda hablar abiertamente de cualquier tema.

5. Cumple con tus tareas sin necesidad de recordatorios constantes. Si ella decide que entre tus deberes está

sacar la basura y fregar los platos, hazlo cada día sin necesidad de que te lo recuerde. Tu objetivo es reducir su responsabilidad en las tareas domésticas. No dudes en añadir algunas tareas y sorprenderla de vez en cuando.

6. Sé atractivo para tu Reina. Intenta presentarte como ella prefiera. Si le gusta la barba o la perilla, intenta dejártela crecer. Si prefiere un cuerpo delgado y musculoso, intenta perder peso y tonificarte. La idea es que debéis ser atractivos el uno para el otro para mantener viva la atracción. Esto es más importante para ti, su sumisa, ya que sigues las normas que ella impone. El hecho de que ella esté al mando no la exime de la misma responsabilidad de mantener viva la sensualidad.

7. En una Relación Liderada por Mujeres, la regla número uno es que el sexo es para el placer de la Reina, así que tendrás que asegurarte de estar bien preparado con consejos y técnicas sobre cómo excitarla. ¿Sabes cómo darle placer correctamente? Si tus habilidades no están a su altura, consigue mi libro *Sexo oral para mujeres* y ponte al día. ¿Eres un gran amante? ¿Cambia las cosas, cambia tu técnica para el coito, el sexo oral y los juegos preliminares? Saber cómo dar placer a tu Reina es obligatorio.

8. Entabla conversaciones sobre tus fantasías y lo que realmente la excita. Si llevas años con tu Reina, puede que ella tenga todo tipo de fantasías sexuales esperando a que las exploréis los dos. Como todo requiere el consentimiento mutuo, será importante que

ambos seáis completamente sinceros sobre vuestros deseos.

9. Tu Reina toma las decisiones sobre el sexo. Ella decide cuándo, dónde y cómo tenéis relaciones sexuales. Puede decidir ponerte en castidad o exigirte que te corras sólo cuando ella lo ordene. Eres libre de añadir algunas ideas, pero en general, la obedecerás. Si quiere sexo oral, lo practicas. Si quiere besos y juegos preliminares toda la noche, la respuesta es la misma: "Sí, mi Reina". Pregúntale cuándo quieres llegar al orgasmo: "¿Puedo tener un orgasmo esta noche?" Nunca eyacules sobre su cara, cuerpo o cualquier otro lugar a menos que ella dé su consentimiento. Si quiere hacerte una felación, ella decide durante cuánto tiempo y si lo hace. Nunca debe darse por supuesto. Le preguntarás cómo quiere que la complazcas cada día. Éstas son cosas que tendrás que hablar con ella en una entrevista.

conversación abierta. Si tu Reina te prohíbe masturbarte, debes dejar de hacerlo. Ésta es la diferencia con una Relación Guiada por Mujeres: debes obedecer sus órdenes. Cualquier discusión y objeción significa que no estáis practicando realmente la RPL. Ahora bien, ¿significa esto que no hay consentimiento mutuo? En absoluto. Debes expresar todas y cada una de tus preocupaciones. Ambos debéis fomentar una comunicación abierta y honesta.

10. Halaga a tu Reina. Los halagos te llevarán a todas partes. Tú y tu Reina sois los únicos que podéis animaros mutuamente, y para que tu Reina se sienta inspirada para asumir el papel de líder, necesitará que

la animes mucho. Los hombres a menudo revelan que nunca se sienten obligados a halagar a sus parejas porque la mujer ya debería saber que el hombre la quiere, pero los seres humanos necesitan que les tranquilicen, y tu Reina necesita oír que la aprecias y la quieres todos los días.

11. La mayoría de los hombres piensan que las mujeres no desean tanto el sexo hasta que conocen a una que sí lo desea. Tu mayor problema vendrá de estar a la altura de sus deseos desatados. La verdad es que muchas mujeres no quieren sexo a menudo porque los hombres egoístas y poco entrenados no las satisfacen. Cuando te centres en su placer -y ella disfrute y participe plenamente en el sexo-, verás su deseo de intimar constantemente. Cuando empieces a centrarte al 100% en su placer, y ella sepa que el sexo es para su disfrute, lo deseará mucho más a menudo.

12. Conseguir la pareja adecuada y practicar mucho te ayudará a aprender a sentirte lo bastante cómodo en tu piel como para apreciar plenamente la maravilla que es el orgasmo oral. Aprender a hacerla sentir bien te convertirá en un hombre mejor y más seguro de ti mismo, lo que en última instancia hará que tengas más probabilidades de sentirte satisfecho. Ni que decir tiene que cuanto más a menudo experimentes dar placer oral a tu Reina, más rápidamente alcanzarás la actitud dirigida por la mujer de que tu placer proviene de dar placer. Tu placer vendrá de orgasmarla tanto como sea posible, y tendrás una increíble sensación de satisfacción. El objetivo de vuestra intimidad debe ser satisfaceros a los dos, centrándose primero en ella.

13. Es probable que tu Reina quiera tomar el control de las finanzas y de tus ingresos. Las mujeres con mando femenino suelen ser mujeres fuertes y capaces, y a menudo quieren controlar las finanzas. Puede que tu Reina decida dejarte el control del dinero, o puede que te dé una asignación y tome el control de todo. Esto no significa que no toméis decisiones juntos sobre compras importantes o sobre cómo gestionar los impuestos, etc. Al contrario, ambos podéis sentir que tenéis voz en lo que ocurre. Con demasiada frecuencia, en las relaciones tradicionales, el hombre controla las finanzas, y puede o no ser hábil y tener éxito en la gestión financiera. Cuando la mujer controla las finanzas, siente una mayor sensación de autoridad y poder, y tú te vuelves naturalmente más sumiso y obediente.

14. Cuando se trata de actividades sociales, tu Reina toma la decisión final y establece el calendario de actividades para la familia. Ella decide dónde iréis, qué días y qué actos y actividades son apropiados para los niños. Pero también debes ofrecer tu opinión de forma respetuosa. Por ejemplo, si vais al cine, la Reina decide qué ver, dónde sentarse y el tipo de aperitivos que comer y beber. Si ella decide permitirte tomar decisiones, sigue dependiendo de ti preguntarle qué quiere y conseguirlo. La idea es que te rindas a sus decisiones, pero que la apoyes ocupándote de las cosas y ofreciéndole tu ayuda. Con demasiada frecuencia, soy testigo de mujeres que arrastran las bolsas de la compra o tienen que ir a por todos los bocadillos de la familia, tropezando con la gente en un teatro sin ayuda de su compañero. En una Relación Liderada por

Mujeres ocurre lo contrario, y tú la apoyas en todo momento.

15. La obediencia 24/7/365 es la base de cualquier FLR. La disciplina es, por tanto, un elemento necesario de la relación para garantizar que cumples los deseos de tu Reina. La disciplina verbal es la forma que elijo para garantizar la obediencia, pero la disciplina física también forma parte de la enseñanza si le conviene a la Reina *Amar y Obedecer*. La desobediencia se tratará con disciplina y castigo estrictos. Tu Reina puede preferir el castigo físico, como los azotes o las bofetadas. Puede tratarse de azotes sexys e incluso de azotes más regulares para garantizar la disciplina a diario. Mi libro *Azotes* ofrece una guía detallada para añadir los azotes a tu vida sexual o como parte de la disciplina diaria. Sea cual sea la elección, tú y tu Reina debéis discutir todos los límites y fronteras. Sí, debes obedecerla, pero todo debe hacerse con consentimiento.

16. Si tu Reina requiere diversión, hazlo tú. Yo podría ordenar a mi hombre que se arrastrara por el suelo, me besara los pies y luego "ji ji" como un imbécil. Me parece un castigo muy divertido, y le hace entender de forma inofensiva e indolora que se estaba comportando como un imbécil. Algunos hombres se oponen a esto, pero precisamente ésta fue una escena muy memorable de la película *9½ Semanas*. Ella tuvo que arrastrarse por su hombre, y no hubo objeciones por parte de hombres o mujeres en ese momento. Así pues, éste es el tipo de doble rasero que ya no existe en una Relación Liderada por Mujeres.

## Hoja de trabajo de relaciones dirigidas por mujeres

Habrá momentos en los que convendrá hacer balance de la relación comunicando los siguientes temas. Para cada área, puedes indicar si es una debilidad, un punto fuerte o si necesita trabajo. Sentarte con tu Reina al menos una vez al mes y revisar estas categorías marca una enorme diferencia en vuestra interacción cotidiana y refuerza vuestro vínculo.

Éstas son las categorías a debatir:

- **Comunicación abierta.** ¿Puedes hablar de las cosas abierta y libremente sin criticarlas?

- **Resolución de conflictos.** ¿Eres capaz de resolver desacuerdos o conflictos con calma?

- **Actividades y eventos.** ¿Hacéis cosas juntos con regularidad?

- **Sexo e intimidad.** ¿Tenéis relaciones sexuales con regularidad y estáis ambos satisfechos?

- **Red social.** ¿Os lleváis bien con los amigos del otro y/o hacéis nuevos amigos, sobre todo los que aceptan la FLR?

- **Crianza.** ¿Estáis satisfechos con los estilos y funciones parentales del otro?

- **Espirituales. ¿Estáis** de acuerdo sobre las creencias espirituales y conectáis por creencias espirituales o religiosas?

- **Tomar las riendas de la Reina.** ¿Estáis los dos contentos con el control que tiene la Reina y la ayudáis a diario a asumir su poder?

- **Someterse a la Reina.** ¿Te gusta someterte o tienes problemas para rendirte completamente a la Reina?

Debes ser sincero al analizar estas áreas de tu relación. Tanto tú como tu Reina debéis estar sincronizados y de acuerdo con cualquier cosa que decidáis hacer juntos. Si mantienes conversaciones abiertas y sinceras sobre los problemas de tu Relación Liderada por Mujeres o matrimonio liderado por mujeres, podrás identificar y evitar posibles desastres. Reserva un tiempo cada mes o más para hablar de todos los temas y dedica tiempo a escucharos y conectar realmente la una con la otra durante estas sesiones.

# CAPÍTULO 11

# Reaviva la pasión con una relación dirigida por una mujer

Tu matrimonio o relación es uno de los aspectos más importantes de la vida. Es uno en el que compartes todo con tu Reina. Cuando estáis juntos, sientes un fuerte deseo de estar con esa persona. A menudo piensas en ella día y noche y quieres pasar con ella cada momento que estás despierto. La pasión es tanto mental como física; abarca todos tus pensamientos y anhelas estar con ella. Por desgracia, ese sentimiento profundo, desenfrenado y sin tocar, a veces puede empezar a desvanecerse. ¿Por qué ocurre y cómo podemos reavivar la pasión?

La vida real se interpone, y otras prioridades tienen prioridad. Cuando estáis saliendo, ella es el centro de atención, pero a medida que pasa el tiempo y se añaden a la mezcla los hijos, los amigos, la familia, las aficiones y el trabajo, estas partes de vuestras vidas pueden empezar a desviar vuestra atención de la Reina. Pronto estás ignorando sus deseos y anhelos en favor de los tuyos propios, y pronto, esto se intensifica formando distancia entre vosotros dos.

Millones de mujeres se sienten frustradas con toda su vida sexual. Algunas de estas tendencias son:

- Las mujeres tienen más probabilidades que los hombres de sentirse insatisfechas con su vida sexual.

- Las mujeres heterosexuales tienen menos orgasmos que sus parejas masculinas.

- Y al menos el 40% de las mujeres tienen dificultades para llegar al orgasmo.

Tu misión como caballero de apoyo en una Relación Liderada por Mujeres es asegurarte de que tu Reina esté sexualmente satisfecha. Al principio, las cosas son frescas y nuevas. Quieres estar lo mejor posible e intentar impresionarla. Pero a medida que pasa el tiempo, no sientes la misma presión ni el mismo deseo de esforzarte al máximo. Caemos en conductas irrespetuosas y nos comportamos mal. Esto se convierte en hábitos que acaban siendo habituales. Todo se vuelve rutinario y cómodo. La emoción se desvanece. El aburrimiento y la monotonía son el beso de la muerte en una relación, y cuesta mucho trabajo intentar cambiar nuestras rutinas. Cumplimos los mismos horarios, comemos las mismas comidas, vemos el mismo programa y practicamos sexo en las mismas posturas. Muy pronto, este aburrimiento te hace pensar en formas de cambiarlo con intereses o personas ajenas.

La razón por la que engañar no soluciona nada durante mucho tiempo es que, mientras cambias a la persona, tú no cambias y, al cabo de un tiempo, te acomodas a una rutina con tus actividades externas tanto como con tu relación principal.

Pronto el engaño también se vuelve aburrido, o peor aún, te pillan, y eso destruye todo tu matrimonio y tu vida.

Te acomodas a tu aspecto y pronto resultas poco atractivo para tu Reina, y quizá estés menos interesado en ella. Ser poco atractivo para tu pareja es el principio de la espiral descendente, porque una vez que desaparece la atracción sexual, el interés decae y sois esencialmente amigos o compañeros de piso.

## Estrés y responsabilidades

Afrontémoslo, la vida está llena de complicaciones, retos y estrés. Ya es bastante malo que apenas tengas energía para ir a trabajar y hacer frente a todas las responsabilidades de la vida, pero ahora tener que cambiar tu matrimonio o relación es otro obstáculo. La intimidad y la conexión se desvanecen a medida que pasáis menos tiempo juntos. Como la vida te lleva en tantas direcciones y una agenda apretada puede dejarte menos tiempo para hacer cosas junto a tu Reina, empezáis a pasar cada vez menos tiempo juntos, y aquí es donde empieza el distanciamiento.

Pero todo esto puede invertirse, paso a paso, como se indica a continuación.

**Paso 1: Ponte en contacto con lo que sentías cuando os conocisteis.** Las cosas eran espontáneas, divertidas y excitantes. Os explorabais mutuamente. Esto es lo que tienes que hacer con tu Reina. Decidíos a forzaros a probar algo nuevo. Algunas parejas contratan a un terapeuta sexual que les aconsejará sobre ciertas cosas que pueden hacer para mejorar la intensidad durante el sexo. Pero mucho antes de esto, podéis hacer minicambios que pueden marcar la diferencia.

**Paso 2: Céntrate en ti mismo.** ¿Te has dejado llevar? ¿Cuándo fue la última vez que fuiste al gimnasio? Si ha pasado tiempo, puede que sea hora de volver a visitarlo. ¿Cuándo fue la última vez que compraste ropa nueva? ¿O te hiciste un nuevo corte de pelo a la moda? ¿Te afeitaste la barba o te dejaste crecer la barba? Quizá te gustaba la escalada, el surf o el senderismo; si es así, son actividades a las que tienes que volver. Tal vez lo hagas con tu Reina. Apúntate a una liga de bolos o a una nueva iglesia. Haz nuevos amigos. La idea es inyectar novedad de alguna forma en la vida de ambos. Una vez que esto empieza a resultar inspirador, conduce a otros cambios. Reserva un día de la semana para una cita nocturna: salid los dos, tomad un cóctel, coquetead y conversad un poco.

**Paso 3: Haced un viaje juntos.** Muchas parejas hacen una escapada a un centro turístico sexy o un fin de semana en los Hamptons. Cuanto más salgáis de la rutina del día a día, más empezaréis a sentiros como cuando erais novios. Como hombre, sólo tienes que empezar a hacer cosas románticas. Haz que se sienta especial. Si hay una forma segura de conseguir el amor y la atención de tu reina, es hacerla sentir especial. Hazle una tarta, cómprale su bebida favorita o dale un masaje. Llévale flores. Sí, puede que refunfuñe porque te has gastado el dinero, pero en secreto está impresionada.

Recuerdo que estaba en un momento bajo de mi relación, y mi pareja me sorprendió con una noche fuera, en la que había esparcido mis chocolatinas favoritas por la habitación, y el centro de mesa era mi postre favorito. Pasamos toda la noche viendo mis películas favoritas y dándonos baños de burbujas. Fue breve, pero marcó la diferencia. Me reafirmó que le importaba y que quería intentarlo. Si no lo intentas, no lo consigues. Dar la vuelta a una relación puede ser una de las cosas más difíciles, pero se puede conseguir.

La mayoría de las parejas empiezan una Relación Liderada por Mujeres como el cambio de rumbo, porque en el momento en que los hombres empiezan a comprometerse a adorar a su Reina, cambia todo. Tened conversaciones que establezcan cómo puede ser vuestra nueva vida. Habéis estado juntos por una razón. Muchos hombres piensan que la respuesta está en encontrar a alguien nuevo, pero ésta no es necesariamente la solución, ya que no has cambiado partes integrales de tu personalidad, por lo que es probable que atraigas exactamente aquello de lo que crees que necesitas deshacerte. El verdadero cambio comienza en tu interior. Una vez que empiezas a cambiar y tu Reina está de acuerdo en hacer cambios también, la relación experimenta una transformación. Mucho de lo que la mayoría desea puede encontrarse con tu pareja o cónyuge con el que te sientes a gusto. Sólo tienes que tomar la iniciativa para hacer los cambios.

Otra forma estupenda de cambiar las cosas es empezar a tocarla de nuevo. El contacto físico, ya sean besos, apretones de manos, abrazos o mimos, avivará vuestra relación. Así que incluye el contacto físico en tu rutina diaria. Golpéale el culo, bésala sin motivo, tócale la mano, cogeos de la mano. Explora su cuerpo y toca zonas que nunca antes habías tocado. Vuestra familiaridad después de estar juntos durante algún tiempo os ayuda a sentiros cómodos probando nuevas posturas, técnicas o lugares.

El sexo es un ingrediente esencial para dar sabor a tu relación. No dejes que ninguna excusa se interponga en tu camino a la hora de practicar sexo. Si tu reina está demasiado cansada, despiértala mediante un sensual masaje con aceites esenciales o ilumina el dormitorio con velas aromáticas. ¿Cuándo fue la última vez que comiste nata montada de ella? Combina el postre con una exploración sexual sexy.

Hay cuatro tipos de química que os ayudarán a ti y a tu Reina a recuperar la chispa en vuestra vida:

- **Química física:** genera deseo físico y excitación

- **Química emocional:** crea cariño, afecto y confianza

- **Química mental:** genera interés, compatibilidad y receptividad

- **Química espiritual:** aporta respeto, aprecio y felicidad Cuando las personas se quejan de estar aburridas en su relación, a menudo citan estar atrapadas en la rutina o la rutina. Luego está la preocupación por cómo mantener viva la relación. Pueden sentir un repentino deseo de novedad y suponer que esa novedad sólo puede venir de una nueva pareja o de mudarse de casa. Uno de los mayores problemas es la tendencia a que la relación primaria empiece a romperse. Aquí tienes un resumen de todo lo que puedes hacer para mantener viva la chispa en tu relación liderada por una mujer:

## Refuerza tu relación a diario

Recuérdale el amor que ambos sentís a diario. Bésala, abrázala, salúdala como a la Reina, y no permitas que la relación pase a un segundo plano. En nuestro ajetreado mundo, tendemos a poner otros asuntos por encima de la relación, y sólo cuando salimos le damos importancia. Ponemos excusas de que estamos ocupados, cansados o simplemente no tenemos ganas. Ahora más que nunca, ambos tendréis que dedicar tiempo a la relación.

## Cuida tu salud y tu forma física

A menudo pasan tantas cosas que apenas tenemos tiempo de preocuparnos por el mantenimiento de nuestra salud y forma física. Sólo cuando estás sano y te sientes bien contigo mismo, puedes cuidar de tu pareja. Así que recuerda comer bien, mantenerte en forma y dormir bien. Un cuerpo sano se traduce en una mente sana y eso se refleja claramente en tu relación. Mantente atractiva para ambos. Esto aumenta la sensualidad de todas las demás actividades.

## Pasar tiempo juntos

Es importante pasar tiempo de calidad juntos, los dos solos. Salir con los niños no se considera tiempo de calidad juntos. Seguís necesitando una noche de cita y quizá picnics en el parque, paseos en bicicleta o simplemente pasar el rato juntos. Recuerdo a una pareja que estuvo casada 27 años e introdujo todo tipo de extras en la relación, y comían juntos todos los días simplemente para hablar. Y funcionaba. Su relación era capaz de resistir cualquier obstáculo.

## Dale a tu reina su espacio

Tener una relación no significa que tengáis que estar juntos cada segundo del día. Ella sigue necesitando quedar con sus amigas, y tú sigues necesitando la noche de cervezas con los chicos. Deja que el otro también tenga tiempo para estar solo.

## Ayuda con las tareas domésticas

Hay una razón por la que el 80% de las mujeres se quejan de estar demasiado cansadas para tener relaciones sexuales o hacer cualquier cosa. Las mujeres tienen que destacar en sus carreras y ocuparse de los niños, del hogar y de tus necesidades. Es una vida agotadora. Cualquier ayuda que prestes a tu Reina la ayudará y la mantendrá de un humor más sexy.

## Haz que se sienta especial

Cada día es una oportunidad para hacer que tu Reina se sienta especial. Tienes muchas oportunidades de hacerle cumplidos, dejarle notas de amor, llevarle flores y hacerla sentir que es la persona más afortunada del mundo. No sólo estará de mejor humor, sino que también responderá de forma positiva, y eso mantiene el foco de atención en ti y no en el

cornudo tanto. La verdad es que cada interacción que tenemos con otra persona, incluso con alguien a quien conocemos desde hace tiempo, es una nueva posibilidad de conexión animada. A menudo basta una pequeña acción -una sonrisa dulce, una mirada coqueta o un acto de afecto- para convertir una interacción mundana en excitante. Son formas sencillas de hacer que tu reina se sienta especial. Mírala y dale esa mirada sexy como si fuera la mujer más hermosa del planeta.

## Sigue tocando

El contacto es muy importante en las relaciones. Ya sean besos, apretones de manos, abrazos o mimos, todos mantienen viva la chispa. Tócale el pelo, la espalda y las piernas a menudo. Apriétale el culo al pasar. Bésala sin motivo y cogeos de la mano. El tacto mantiene el foco de atención en los dos.

## Prepara el escenario

Igual que te prepararías para tu gran noche de fiesta, también tienes que mantener sexy el espacio principal. Prepárale un baño, ponle lencería, coge sus burbujas favoritas, trae vino o champán y aceites de masaje. Quieres mostrar dedicación y esfuerzo. Los hombres siempre se quejan de que no entienden por qué se enfadan las mujeres. Las mujeres desean la fantasía de una relación abierta sin tener que explicar cada paso. Quieres demostrar a esta mujer que, aunque mantengas relaciones abiertas, lo que necesitas es una relación primaria con ella. Prepárale una cena especial a la luz de las velas. No hace falta esperar a un momento especial para hacerla sentir especial y querida.

## Ten relaciones sexuales regularmente

Vuestra vida sexual debe seguir siendo estupenda y regular. Uno de los primeros indicadores importantes de que una relación se está rompiendo es la frecuencia de las relaciones sexuales. Por tanto, es muy importante que tengáis una vida sexual estupenda y que la mantengáis viva. Se recomienda que vuestro sexo sea en el que conectéis profundamente como pareja. Añade algo de sexo oral o largos juegos preliminares para conectar realmente con tu Reina. Recuerda que ponerla a tono empieza al principio del día, y querrás ponerla a tono desde el momento en que se despierte. El sexo es para el placer de la Reina y centrarte en proporcionarle toda la satisfacción sexual que necesite es tu misión. Aunque no tengáis relaciones sexuales, es importante conectar y trabajar para mantener viva la intimidad y la pasión.

## Sé sincero

Los estudios han descubierto que las personas que son sinceras consigo mismas experimentan más intimidad y bienestar en sus relaciones. También tienen mejores relaciones sentimentales. En general, los estudios constatan que la conexión positiva y la intimidad crecen cuando eres transparente sobre lo que hay dentro de ti. Un estudio reciente de la Universidad de Georgia examinó la conexión entre la comunicación y el grado de satisfacción declarado por las parejas. Descubrió que una buena comunicación en sí misma no podía explicar el grado de satisfacción de las parejas con una relación a lo largo del tiempo.

Los investigadores reconocen que otros factores deben influir en la satisfacción de las parejas y que una buena comunicación puede ser el resultado de esos factores. Según Justin Lavner, autor principal del estudio, las parejas más satisfechas se comunican mejor por término medio que las menos satisfechas. Así pues, lo que hará que tu Reina y tú estéis más satisfechos es la felicidad que sentís juntos y ser sinceros y honestos sobre vuestros sentimientos a lo largo de vuestra exploración.

# CAPÍTULO 12

# La compersión y la relación dirigida por mujeres

El interés por la comparación está por las nubes. Numerosos investigadores se están centrando ahora en la compersión por sus tremendos efectos transformadores en las relaciones y los matrimonios. ¿Qué es la compersión? La compersión es ser feliz por la felicidad de los demás. Entra en juego en las Relaciones Lideradas por Mujeres, porque como hombre sumiso, tu objetivo último es asegurarte de que tu Reina experimenta toda la felicidad que se merece. Tu deber es asegurarte de que ella esté sexualmente satisfecha, y como dice el refrán: "Esposa feliz, vida feliz". La compersión fomenta la expresión emocional auténtica, que a su vez refuerza el sentimiento de unión. Es el sentimiento de alegrarse de la felicidad de tu Reina, que es lo contrario de los celos y la posesividad.

Las personas que experimentan la compersión pueden considerarse pioneras de un potencial humano significativo. Ven a los demás como intrínsecamente autónomos y autodeterminados, y celebran su propio camino único hacia la plenitud. La compersión se originó con la Comunidad Kerista en los años 90 en San Francisco, que fue uno de los primeros grupos de personas en practicar abiertamente el poliamor. Pero el verdadero fundamento de la compersión procede del budismo, donde la alegría comprensiva es uno de los "cuatro estados inconmensurables" o cualidades de la persona iluminada. Junto con los otros tres estados: bondad amorosa, compasión y ecuanimidad. Según esta tradición, *muditā* remedia la separación ilusoria entre uno mismo y los demás y, por tanto, puede ser un poderoso vehículo en el camino hacia la liberación.

Como caballero sumiso y comprensivo en tu Relación Liderada por Mujeres, tu papel es apoyar a tu Reina para que pueda tomar el poder y ser la mayor líder que pueda ser. Estás ahí para ser su principal apoyo y eres una parte extremadamente importante de su viaje y exploración sexual. Te alegras de verdad por su felicidad. Esto es lo que hace que las Relaciones Lideradas por Mujeres sean tan diferentes de las relaciones tradicionales lideradas por hombres. Cuando tu objetivo es garantizar su completa felicidad y satisfacción, cambia la dinámica de vuestra interacción diaria. Ambos pasáis el tiempo centrados el uno en el otro, en lugar de buscar constantemente lo que falta en la relación o el matrimonio, lo que conduce a la infelicidad, los celos y la infidelidad.

En lugar de que cada día sea aburrido y parezca el Día de la Marmota, es una oportunidad y un regalo para que tú y tu Reina exploréis cómo proporcionaros mutuamente la mayor felicidad y satisfacción sexual posibles. La compersión transforma radicalmente toda tu vida en una aventura excitante y sexy. Forma parte de una concepción alternativa del amor que se basa en la abundancia y la colaboración, y no en la posesión y la territorialidad.

Los celos son una emoción humana normal como cualquier otra, y no hay nada inherentemente malo en sentirlos, pero pueden ser un asesino de relaciones y muchas parejas luchan contra ellos. Cuando se trata de relaciones y matrimonios, resulta difícil superar los sentimientos de inseguridad o celos, pero cuanto más trabajéis tú y tu Reina en tener compasión, más felicidad y satisfacción sentiréis.

Tu relación dirigida por una mujer debe ser libre para evolucionar como debe. Tú y tu Reina debéis ser libres para explorar vuestras fantasías y deseos sin críticas ni restricciones. Tú y tu Reina os convertís en facilitadores para lograr vuestro mayor crecimiento y evolución. A veces este crecimiento puede requerir la exploración de algo como el hotwifing. Puedes tener el deseo de ver a tu Reina manteniendo relaciones sexuales con otro hombre o mujer mientras tú observas o participas, y ella puede tener el deseo de vivir esta experiencia. Se te exige que satisfagas sus deseos y, al hacerlo, cumples tu papel de perfecto caballero solidario.

Como pareja en una Relación Liderada por Mujeres, ambos estáis implicados en una dinámica centrada internamente y basada en el respeto mutuo. Tu Reina es la líder y tú eres su sumiso, pero ambos podéis tener compersión. En este sentido, las parejas exploran la compersión con el hotwifing y otras actividades en no monogamia consentida. Sabes que tu felicidad última proviene de permitir que tu Reina busque el placer de la forma que elija. Forma parte de tu deber simplemente asegurarte de que ella sea feliz y viceversa. Ella dirige la relación, pero se centra igualmente en tus deseos sumisos. Tú y tu Reina sois responsables de apoyar mutuamente la exploración y el viaje del otro, vaya donde vaya. Esto es lo que hace que vuestra unión sea tan poderosa y mantiene las cosas interesantes.

# CAPÍTULO 13

# Relaciones sexuales dirigidas por mujeres

¿Cómo es el sexo FLR? El sexo FLR puede ser lo más excitante, estimulante y divertido que hayas experimentado nunca. La razón por la que el sexo FLR es tan excitante para las parejas es que ayuda a desatar y liberar a la Reina. Una vez que las mujeres pueden explorar su sexualidad y tomar el control en la cama, tienden a disfrutar más del sexo, y ofrece infinitas formas de explorar todo tipo de posturas sexuales, juguetes, juegos de rol, BDSM y relaciones abiertas.

En una Relación Liderada por Mujeres, la Reina no está esperando a que la satisfagas. Debes encontrar formas de asegurarte de que te centras en su placer. El sexo se convierte en una oportunidad para adorar a tu Reina, y nunca lo enfocas como "zas, zas, gracias, señora". Es tu responsabilidad, como caballero que la apoya, darle el placer que se merece. Parte de mantener a tu Reina completamente satisfecha, feliz y de buen humor cada día consiste en satisfacerla con un sexo estupendo.

El sexo aburrido crea relaciones aburridas, que no duran mucho. La mayoría de las mujeres afirman sentirse insatisfechas. Los estudios demuestran que entre el 25% y el 74% de las mujeres han fingido un orgasmo, así que es probable que tu Reina también lo haya hecho. Pero piensa en cómo sería la vida si le dieras a tu Reina un orgasmo alucinante todos los días. El sexo dirigido por mujeres trata de cómo satisfacer plenamente a tu mujer anteponiendo su placer. Tu misión, si decides aceptarla, será hacer que su orgasmo sea el centro de tus relaciones sexuales. Te convertirás en un profesional en darle el mejor sexo oral que jamás haya tenido, lo que hará que vuelva a por más.

Esto no sólo va a cambiar la dinámica de tu relación, sino que vas a cosechar las recompensas de una esposa feliz, una vida feliz. El sexo oral también es crucial para el bienestar de tu Reina y para su salud. Puede que te sorprenda lo mucho que lo disfruta, por no hablar de la atención que recibe a cambio. Puede que hayas probado todas las posturas sexuales y los juegos de rol, pero al fin y al cabo, le estás haciendo a tu Diosa el regalo que ella (y su vibrador) no pueden hacerle: un sexo oral alucinante.

Una parte importante de encontrar y conservar a una mujer dirigida es que debes mostrarle un servicio completo. Parte de este servicio es ser un gran amante. ¿Por qué se ha recordado a Casanova durante siglos? No porque fuera genial en su trabajo o supiera arreglar coches. Si quieres mantener feliz a tu mujer, tendrás que dominar el dormitorio, lo que significa convertirte en un profesional en satisfacer plenamente a tu mujer.

## Sexo oral

La primera forma de complacer adecuadamente a tu Reina y comenzar tu culto a la Diosa es con el sexo oral. Existe desde hace siglos y recibe varios nombres: cunnilingus, y términos del argot como bajar, ir al centro, comérsela, lamer coño, chupar almeja o chupar ostras, masticar alfombra, o quizá algún otro término del argot igualmente ridículo que se utilice habitualmente para describirlo. Aunque hay una gran variedad de términos de argot que la gente utiliza para describir dar placer con sexo oral a una mujer, vamos a llamarlo con el debido respeto que se merece, sexo oral dirigido por una mujer.

El sexo oral, para una mujer, es la habilidad más importante que tendrás que dominar si quieres considerarte un gran amante. Es probable que tu mujer llegue más al orgasmo con el sexo oral que cuando sólo practica el coito, y ésta es una situación en la que ambos salís ganando. Parte del sexo oral consiste en comprender cómo se relaciona con el culto a la Diosa y con alcanzar lo divino.

Generalmente se acepta que cuando un pene está erecto o cuando una vagina está húmeda, significa que una persona está preparada y lista para el sexo. No siempre es así, pero nuestro discurso cultural sobre el sexo y la excitación nos ha llevado a suponer erróneamente que la respuesta física de una persona a la estimulación sexual está en consonancia con su nivel de deseo.

En realidad, muchas veces el deseo y la excitación física no coinciden. De hecho, la excitación física es diferente de la subjetiva, que es la implicación mental activa en el sexo. Es esta confusión la que puede hacer que tú o tu Reina os quedéis insatisfechos y el sexo se vuelva deslucido. Es el compromiso mental y la conexión profunda, junto con la intimidad física, lo que hace que el sexo dirigido por una mujer sea tan excitante y deseable. Si tu Reina tiene que recurrir a fingir orgasmos o fingir que disfruta del sexo cuando preferiría estar haciendo cualquier otra cosa, esto es un fracaso por tu parte y debe cambiar.

El sexo oral bien hecho cambiará tu vida sexual y, lo que es más importante, la vida sexual de tu mujer. En última instancia, puede hacer que tú y tu mujer tengáis una gran vida amorosa juntos, y compartir el amor entre las personas es de lo que se trata en la vida. El sexo oral nunca debe fingirse, jugarse ni simularse. Si no quieres hacerle sexo oral, es lo mismo que si ella no quiere tener relaciones contigo.

Puede que tú llegues fácilmente al orgasmo durante el sexo, pero la mayoría de las mujeres no lo consiguen. Además, si ella no disfruta del sexo oral porque tu técnica no es la adecuada o no sabes lo que haces, puede ser el principio de un desastre. Mujer infeliz, vida desastrosa. Hoy en día, es importante que los hombres aprendan a dominar el sexo oral si quieren mantener contenta a una reina fuerte y exigente en una relación dirigida por una mujer. Un mal sexo oral hace que una mujer se sienta incómoda y te hace parecer inseguro de ti mismo. No hagas como instruye el cómico Sam Kinison. Dijo: "Practicas sexo oral a una mujer escribiendo las letras del alfabeto con la lengua en el clítoris de la mujer". Esto te mete en la perrera muy rápido y te deja con una mujer furiosa, infeliz e insatisfecha.

Aprender a practicar sexo oral correctamente te enseñará a servir de verdad a tu Diosa y a hacerle el amor con la boca y la lengua. Te enseñaré a alcanzar un orgasmo alucinante, que yo llamo *orgasmo cósmico*. Es tan poderoso que sentirás que estás teniendo un orgasmo con ella mientras se corre en tu boca. El Sexo Oral Divino que estoy describiendo puede producir un verdadero gozo y un orgasmo espiritual que sanará tu alma y te hará sentir el rey del mundo. Será la mayor mejora de tu vida amorosa dentro de tu relación actual y desbloqueará un nuevo nivel de pasión entre tú y tu mujer.

Para convertirte en un artista y proporcionar dicha divina a tu mujer, debes dedicarte genuinamente a amarla, obedecerla y servirla, y anteponer su placer a todo lo demás. El poder del amor te dará la fuerza, la pureza de corazón y la conexión con lo divino femenino para disolver cualquier cosa y todo lo que pueda estar separándote en este preciso momento de alcanzar el orgasmo cósmico definitivo con tu Diosa.

Así pues, echa un vistazo a tu interior, caballero, observa tu propia actitud y sentimientos actuales hacia tu pareja femenina actual, y haz los ajustes oportunos y dale total libertad a tu pareja. ¿Quieres comprometerte y hacer plenamente feliz a tu pareja ahora mismo? ¿Quieres esforzarte de verdad por conseguir el amor, serle obediente y atender todas sus necesidades y proporcionarle placer, o no? ¿Quieres que tu pareja encuentre el amor verdadero y la dicha y felicidad absolutas y duraderas en vuestra relación? Si quieres desatar la verdadera bestia sexual de tu Reina, así es como debes hacerlo.

La Relación Liderada por Mujeres te ofrece la oportunidad de explorar algo más que una gran vida cotidiana con tu reina. Te da la oportunidad de mejorar todos los aspectos de su vida, convirtiéndola en una mayor líder y una mujer más segura de sí misma, y conectando con ella en el nivel más profundo posible. El sexo oral es el camino hacia lo divino. La vagina y el útero dan vida, y muchos creen que es una conexión con el reino espiritual. ¿Por qué es importante? Los humanos no somos sólo criaturas físicas. Somos seres mentales, físicos y espirituales, y muchas veces la infelicidad en las personas y en las relaciones puede deberse a la incapacidad de satisfacer todas las partes.

Como hombre en la vida de tu Reina, aprendiste que era tu deber asegurarte de que tu mujer se sintiera plenamente atendida. En la vida cotidiana, esto se consigue haciendo todo lo que ella te ordene y permitiéndole que tome el control de todos los aspectos de tu vida. El sexo es una parte importantísima de tu servicio, y ahora podrás conectar con ella a niveles que nadie más puede. En el dormitorio, ahora te encargarás de proporcionar a tu Reina la experiencia sexual definitiva, haciendo que el sexo gire en torno a ella y centrándose en ella.

Al hacerlo, tú también obtendrás un gran placer. No sólo te sentirás más satisfecho de tus propios orgasmos, sino que confiarás en que eres el único responsable de proporcionarle a ella el máximo placer sexual. El sexo oral se convierte en el centro de toda la sesión sexual, porque este acto es el método principal que la mayoría de las mujeres necesitan para alcanzar el clímax de forma eficaz. Ahora te has convertido en la persona más importante de su vida. Una de las partes excitantes de la FLR es compartir tantas experiencias nuevas en tu vida diaria como sea posible.

Ahora, como hombre, estás apoyando a tu mujer en su camino hacia la conexión con lo Divino Femenino, la Fuerza Cósmica Divina del Universo. Esta conexión divina mejorará vuestra relación actual y aportará nueva energía a vuestra vida. Los maestros tántricos llevan mucho tiempo predicando la importancia de la energía sexual. Ésta es tan poderosa que la utilizan para trascender. Aprenden técnicas para ampliar y profundizar la experiencia del orgasmo. En el sexo oral dirigido por una mujer, esto es lo que haces por tu Diosa.

El sexo se convierte en el ritual que realizarás durante toda la sesión para ayudar a tu Diosa a tener esa experiencia cósmica alucinante junto con su orgasmo. Tu sexo se convierte en una ceremonia, una celebración de lo divino. Te conectas más con el universo cuando llevas a tu Diosa al orgasmo, y también experimentas euforia. En el sexo tántrico, la energía masculina es como el fuego, ardiente y rápida, pero la energía de la mujer es como el agua: fluye. Esta diferencia hace que el sexo oral dirigido por la mujer sea mucho más complejo. Ya no pensarás en tu ego masculino ni en tu placer masculino. Ya no recibirás sexo oral ni una mamada a menos que tu Diosa lo desee por sus propios motivos. Ahora vivirás para dar placer primero a tu Diosa. Una vez satisfechas sus necesidades, podrás satisfacer las tuyas.

La diferencia con centrarse en su placer es que se necesita una técnica muy precisa para conseguir excitarla lo suficiente y asegurarte de que quede satisfecha. Toda la sesión de sexo se hace con ella en el centro. Pongo el ejemplo de Enrique VIII. Sólo Ana Bolena, que hizo esperar a Enrique para tener relaciones sexuales hasta que estuvieran casados y controlaba todos sus estados de ánimo, recibió toda su atención durante el sexo. Enrique tuvo miles de amantes a las que se follaba y dejaba, pero Ana le obligó a aprender a seducirla y a situarla por encima incluso de sus consejeros más cercanos. Esto supuso una revolución en la época, ya que la opinión de una mujer, incluso a niveles reales, nunca se tenía en cuenta. Las mujeres eran prácticamente invisibles. Pero Ana Bolena fue una de las primeras mujeres de la época en crear esencialmente una relación dirigida por una mujer con alguien que era, en aquel momento, el hombre más poderoso del planeta.

Ése es el poder del liderazgo femenino. Una vez que te comprometas plenamente a satisfacer a tu Diosa, recibirás una tremenda inyección de energía y reforzarás el culto a tu Reina. Te recomiendo que practiques sexo oral a tu mujer tan a menudo como ella te lo permita.

Las relaciones tradicionales enfocan el sexo oral como un acto añadido, un experimento travieso en el que ambos participantes se embarcan en una investigación en busca de placer. En una Relación Guiada por Mujeres, es todo lo contrario. Es el acto principal, una oportunidad para elevar la vibración y conectar con el reino espiritual. El cunnilingus puede ser percibido como travieso por la sociedad patriarcal, y estas parejas dirigidas por hombres a la antigua usanza pueden experimentar para sentirse perversos al chupársela a una mujer durante unos minutos.

Lo vemos representado en las películas. Siempre me ha parecido interesante la película *Cincuenta sombras de Grey*. La película se promociona como sobre BDSM en la que el hombre tiene el control, pero si observas los aspectos más sutiles de la película, verás que en realidad el hombre está siendo controlado. Christian le da a Anna mucho placer con el sexo oral. Anna tiene el poder tanto en su relación principal como en los efectos de volver locos a otros hombres. Sólo hay una escena en la que Christian Grey la azota, y después de eso, ella le pone fin, cambiando esencialmente la relación para que sea dirigida por una mujer.

Creo que son esos puntos más sutiles en los que Christian Grey satisface por completo a Ana, y hay mucho menos enfoque en su propio placer, aunque intenta sugerir que su perversión proviene de la relación con su madre. Pero en la verdadera FLR, las mujeres son los personajes de poder en esa película, lo que significa que se trataba mucho más de Relaciones Lideradas por Mujeres. Así que incluso los medios de comunicación reconocen que lo antiguo está superado. Las relaciones dominadas por hombres, patriarcales y dirigidas por hombres están en declive, mientras que las dirigidas por mujeres están en auge, lo que hace aún más importante que te conviertas en un maestro del sexo oral. Las mujeres líderes lo exigen, y tú tendrás que dárselo.

Personalmente, exijo diariamente que se me rinda culto oral y se me alabe como a la Diosa. Lo considero muy crucial para mi bienestar general. El sexo oral cambia las ansias de sexo de una mujer porque sabe que es para su placer. ¿Cómo puedes resistirte a alguien que quiere adorarte? Una de las mejores formas de demostrar tu devoción es servir todos los deseos de tu mujer, y esto incluye todos los deseos sexuales. Es importante que la hagas sentir verdaderamente adorada y venerada durante el sexo. Debes darle tiempo para que se relaje y se olvide de todas las tensiones de la vida. Es su momento de fantasía y aventura. Llévala a otro lugar con un sexo que la llene hasta la médula.

Conectar con lo divino de tu Diosa a través de la vagina ayuda a fortalecer la relación, entre otros muchos beneficios para la salud. En primer lugar, cuando haces que el sexo sea hacer el amor y adorar, los orgasmos son mucho más fáciles de alcanzar y aumentan la oxitocina, que ayuda a combatir el estrés y a regular el cortisol en el cuerpo. La gente duerme mejor, regula su apetito y sus hormonas, y afirma sentirse feliz y positiva. Así pues, cuando te centras en el placer de tu Diosa, estás mejorando todas las facetas de su ser. Te aseguras de que se cumplan todos los aspectos de su vida. Conectar con lo divino a través del sexo mejora tu conexión espiritual y es la forma más poderosa de estar conectado.

La Relación Guiada por Mujeres ofrece la libertad de explorar con el consentimiento de ambos y con mucha comunicación. Aunque la mujer pone las reglas en una Relación Guiada por Mujeres, todo sigue requiriendo el acuerdo de ambos. Las mujeres han admitido que algunas de las ventajas son que se ocupan de sus necesidades, deciden quién hace cada tarea, manejan el dinero y no tienen que pedir permiso para ninguna compra, tienen una mayor sensación de poder y control de la que podrían tener en su vida exterior, y son más dominantes en su vida sexual. Muchas parejas con relaciones normales exploran un estilo de vida dirigido por mujeres, porque muchos hombres tienen la fantasía de servir a una mujer fuerte y ser dominados por ella.

Según mi experiencia, son sobre todo los hombres quienes primero descubren y quieren iniciar el cambio a la dirección femenina, pero una vez que su Reina se implica, la relación evoluciona rápidamente. Los hombres tienden a tomar las riendas en el trabajo y a lidiar con el estrés de tener grandes responsabilidades. Muchos se alegran de que su mujer tome las riendas en casa, y simplemente se someten a su liderazgo. Esperan con impaciencia que su mujer llegue a casa y les diga que es hora de preparar la cena, frotarle los pies, limpiar la casa o darle placer. Es liberador renunciar al control y ceder a todos sus deseos.

Una forma en que tu Reina puede ser sexy al tiempo que muestra su dominio y liderazgo es diciéndole: "Si terminas todas tus tareas esta noche, puede que te deje chupármela más tarde". Es una práctica estupenda porque os da un objetivo y os pone a los dos en un estado mental sexy. Cada día es una nueva oportunidad para explorar cómo servirás sexualmente a tu Reina y cómo ella puede incitarte a ser el mejor amante que puedas ser. Mi libro *Sexo oral para mujeres* es la guía en profundidad perfecta para ser una profesional del sexo oral. En una Relación Liderada por Mujeres, no hay "pum, pum, gracias, señora". El sexo es para el placer de tu Reina y asegurarte de que esté sexualmente satisfecha es tu responsabilidad.

## Conexión Cerebro-Vagina

El cuerpo de la mujer está hecho para recibir y experimentar placer. El placer sexual femenino no es sólo sexualidad o placer. Es ambas cosas, y en una Relación Guiada por Mujeres es importante ser consciente de cómo están conectados la estimulación de la vagina, los pechos y el cerebro.

Por primera vez se han cartografiado las ubicaciones precisas que corresponden a la vagina, el cuello uterino y los pezones femeninos en la corteza sensorial del cerebro, lo que demuestra que la estimulación vaginal activa regiones cerebrales distintas de las que estimulan el clítoris. Existe un vínculo directo entre los pezones y los genitales, lo que puede explicar por qué algunas mujeres pueden llegar al orgasmo sólo con la estimulación de los pezones. Cuando se estimulaban los pezones de las mujeres, además de encenderse la zona pectoral del córtex, también se activaba la zona genital. El sexo es una parte esencial de una vida sana. El sexo no sólo es estupendo para el sistema endocrino, sino que también es necesario para tu sensación general de alegría, paz, creatividad y felicidad. La dopamina, los opioides y la oxitocina son el "cóctel del placer" de hormonas que se liberan cuando hay buen sexo.

Cuando una mujer tiene un orgasmo, su cerebro recibe un estímulo del neurotransmisor dopamina. Además, en el orgasmo también se liberan opioides y oxitocina. Esta experiencia no sólo produce placer, sino que también induce estados mentales específicos.

En el matrimonio, donde se anima a las mujeres a tener relaciones sexuales, siguen queriendo hacerlo en menor proporción. Los estudios demuestran que las parejas que llevaban 20 años casadas descubrieron que los hombres deseaban más sexo que sus esposas. Pero, ¿se debe esto a que el deseo sexual de las mujeres es menor o a que las mujeres desean buen sexo y la falta de satisfacción sexual les hace estar menos interesadas?

El interés sexual de las mujeres se ve amortiguado por un mundo que considera peligroso el deseo femenino. Cuando se presiona constantemente a las mujeres para que repriman su sexualidad o se enfrenten a la vergüenza, el deseo disminuye. Sin embargo, las mujeres han experimentado una sexualidad desempoderada y, aun así, siguen siendo más poderosas sexualmente. Tu papel como hombre que debe satisfacer a tu Reina es garantizar que ella tenga una excitación sexual y una satisfacción sexual adecuadas, comprendiendo cómo darle el placer adecuado de principio a fin. Por tanto, en una Relación Liderada por Mujeres, el sexo es para el placer de la Reina.

## Sexo de Dominación y Sumisión

Reconozcámoslo. La mayoría de los hombres y mujeres FLR desean explorar la dinámica de poder de dominación y sumisión en su vida personal y sexual. El sexo dirigido por mujeres implica añadir elementos de D/S y BDSM, y puede llevarse a la intensidad que tú y tu Reina deseéis. El sexo de relación dirigido por mujeres te permite experimentar con la profundidad con la que deseas explorar el intercambio de poder en el dormitorio y permite a la Reina tomar el control sobre ti, mientras tú aprendes a rendirte.

A muchas parejas FLR les encanta añadir aspectos de BDSM, Femdom, spanking y todo tipo de juegos pervertidos como el juego anal, el juego con mascotas y los juegos de rol. Puedes aprender mucho sobre cómo explorar la dominación y la sumisión en el dormitorio en mis libros *Femdom* y *Spanking*. La Reina explora sus deseos más profundos de tener el control absoluto y tú la ayudas a entrar en su poder sometiéndose por completo. Esto permite noches excitantes y aventureras utilizando vendas, ataduras, bondage, látigos y juguetes sexuales. Cuanto más la animes a ser audaz y a tomar las riendas en el dormitorio, más se trasladará a la vida cotidiana, y así es como se complementan. Una buena vida sexual significa una esposa feliz, y una esposa feliz significa una vida feliz.

El objetivo del sexo dirigido por la mujer es complacer el juego de poder D/S y reforzar el vínculo primario entre tu Reina y tú. También puedes añadir la castidad como otra forma de que tu Reina tome el control sobre ti y tus orgasmos. Muchas parejas FLR están ansiosas por añadir el cuckolding y el hotwifing. Aunque no es obligatorio practicar la no monogamia consensuada, muchas parejas toman la decisión consciente de añadir la diversión en fiestas de intercambio de parejas, clubes fetichistas y complejos sexuales para mantener vivo el picante. El enorme beneficio de las Relaciones Lideradas por Mujeres incluye innumerables oportunidades para que tú y tu Reina exploréis juntos cualquier cosa con la que hayáis fantaseado alguna vez, que es lo que hace que esta unión sea tan poderosa y duradera. Es la concentración interna en las necesidades del otro y el compromiso con vuestras responsabilidades como Reina y sumiso, lo que ayuda a formar una asociación de éxito.

# CAPÍTULO 14

# Cómo tener un sexo alucinante

L a preparación es la clave para una sesión de sexo alucinante. En una Relación Liderada por Mujeres, el sexo se convierte en una ceremonia, una oportunidad para adorar a tu Reina como a una Diosa divina. El sexo puede volverse mundano y aburrido cuando se programa en torno a él y se convierte en un acontecimiento de "zas, gracias, señora". Cuando el sexo se considera una oportunidad para que las parejas fantaseen, exploren, superen los límites y mejoren sus habilidades amatorias, el sexo se vuelve mucho más excitante.

Uno de los momentos significativos que faltan en la vida sexual es la idea de una ceremonia. La lencería, las velas y las sábanas de satén forman parte de la ceremonia. Una vez mantuve una conversación con una amiga la víspera de San Valentín, y le pregunté qué iba a preparar y vestir para su marido la noche de San Valentín. Le pregunté: "¿Qué tipo de lencería llevarás?". Me contestó: "Ninguna". Nunca había tenido lencería y llevaba casada más de veinte años. Me quedé estupefacto y enseguida le sugerí que se comprara algo super sexy para esa noche. En la FLR, la preparación del sexo y la ceremonia del sexo son muy importantes, y son las pequeñas cosas las que se suman para conseguir una experiencia fantástica.

Como sirviente de la Reina y como hombre, tendrás que prepararte para la ceremonia del sexo oral. Consigue una buena almohada grande que reserves sólo para el sexo, consigue una cuña divertida para poner sus caderas en alto, velas, aceites de masaje... todo lo que puedas para hacer que el espacio sea especial. Cómprale ropa interior sexy que te apetezca sentir antes de empezar y con la que la veas caminar. Tienes que participar en hacer del sexo una experiencia especial. Leer este libro es un gran comienzo, porque podrás deleitarla cuando puedas presumir de tus habilidades orales.

No te sientas mal si tienes todas estas preguntas en la cabeza: "¿La vagina de mi mujer parece un misterio ahí abajo?". "¿Qué demonios hago?" "¿Por dónde empiezo?" "¿Cuál es la mejor zona en la que centrarme?". Puede ser confuso. Hay colgajos y pliegues internos y externos de piel y quizá algo de vello, luego aún más pliegues y más colgajos, y luego la flor, el capullo del clítoris. "¿Lamo, beso, doy fuerte, suave, me burlo?". Tendrás un millón de preguntas, y haré todo lo posible por responderlas todas. Pero recuerda este principio rector: todo funciona, y tienes que calibrar cómo excita a tu Reina. Debes estar muy atento a cómo se siente.

Me sorprende cuántas parejas no hablan nunca de sexo. Después de una sesión de sexo, es obligatorio preguntar qué funcionó, qué le gustó y qué no. Durante el sexo, es divertido preguntar: "¿Te gusta?". "¿Qué se siente?" Éstas son las conversaciones que hay que tener, no sólo "Oh, nena, eso me gusta" o "Dale fuerte" al azar. Lo peor es cuando los hombres sienten la necesidad de hablar hasta el final. Hay un momento y un lugar. El sexo oral es cuando tu mujer quiere estar relajada, y tú estás modificando tu técnica para aprender lo que funciona para ella. No es una sesión que debas terminar para llegar al coito. Abordarás el sexo oral como si fuera el plato principal, no el aperitivo. Saboreamos el plato principal de una comida como si fuera la mejor comida que hemos comido nunca, y éste es el enfoque que adoptas al practicar sexo oral.

## Cómo crear un ambiente sexy

Una de las cosas más importantes del sexo es conseguir que tu

Diosa con ganas. Demasiados hombres subestiman la importancia de esto. Si tu Reina está estresada por el día, lo primero que debes hacer es conseguir que se relaje. Esto es lo primero. Encárgate de las tareas domésticas: preparar la cena, fregar los platos u otros quehaceres. Sorpréndela dándole un buen baño o masaje. Deja que se relaje hablando de lo que quiera hablar. Cuando está relajada, es más probable que le apetezca tener relaciones sexuales. Creo que las sorpresas son una forma estupenda de demostrar a una mujer que te importa y que te interesa satisfacer sus necesidades.

En mis anteriores relaciones regulares, no recuerdo ni una sola vez en la que mis parejas, incluso en relaciones duraderas, me trajeran flores o algún otro regalo sin motivo. Tampoco recuerdo ninguna ocasión en que me bañaran o hicieran cualquier cosa porque sí. Hoy en día, esto ocurre casi todos los días, sin que yo tenga que mencionarlo nunca. Así que, cuando intentes seducir a tu Diosa, haz lo inesperado. Excitarte con el sexo oral debería deleitarla.

La terapeuta sexual Megan Fleming dice que "toda excitación empieza con la relajación". La forma en que consigas esto para tu mujer es importante. ¿La apoyas con las tareas y deberes domésticos? ¿La has colocado en un pedestal llamándola tu Reina o Diosa? ¿Eres ligero, positivo y entusiasta? Las mujeres van a estar mucho más de humor si no tienen que llegar a casa con más factores estresantes. Es importante empezar a poner a tu mujer de humor al principio del día. Envíale un mensaje diciéndole lo mucho que la quieres y lo mucho que te excita. Envíale flores sin motivo. Queda con ella para tomar algo después del trabajo.

He hablado con centenares de parejas en un Led Femenino

Relación, y muchas de las mujeres admiten que son las acciones de sus hombres las que les ayudan a ponerse de humor. Aunque tu mujer esté al mando, tú debes conseguir que esté relajada, feliz y excitada para tener un sexo alucinante. Un ritual que debe evitarse es sentarse en el sofá. La noche que te prepares para adorar a tu Reina, haz todo lo que puedas para evitar sentarte en el sofá a ver la tele. Prepárale un baño, ponle su lencería favorita, prepara el ambiente y espera en el dormitorio con velas, aceite de masaje y juguetes sexuales. Debes indicarle que se acueste pronto para que puedas empezar con un largo masaje y caricias. A veces, un baño caliente con velas y un poco de vino pueden ayudarla a ponerse de humor. Tendrás que preparárselo tú. Que sea una dulce sorpresa.

Abstente de cenar copiosamente, para que ambos podáis sentiros cómodos. Prepara el ambiente empezando por tocarle el pelo, besarla y masajearla. Pon su música favorita, usa velas con aromas dulces y hazlo todo con cuidado. Retira todas las distracciones: teléfonos, portátiles y mascotas, y acuesta a los niños. La preparación es de vital importancia. La noche de cita es otra forma de entrar en ambiente. Sal de casa para divertirte un poco antes de volver a casa para servir a tu Reina. Hazlo interesante. Cámbialo. A nadie le gusta la misma rutina aburrida cada semana, y el aburrimiento es el beso de la muerte para las relaciones.

## Transforma tu dormitorio para el sexo

### 1. Haz que tu dormitorio esté fuera de los límites

Los niños, los suegros, los padres, los amigos y las mascotas no deben entrar en tu dormitorio, y éste debe permanecer intocable desde el mundo exterior. Aquí tienes algunas formas de asegurarte de ello:

- Pon un candado en tu puerta
- Coloca cortinas opacas
- Mantén tus teléfonos apagados y fuera de la habitación
- Asegúrate de que no hay televisión en la habitación
- Reserva tu dormitorio para dormir y para conectar profundamente la intimidad sexual

### 2. Añade aromas

Las velas perfumadas, las flores y los aromas son formas estupendas de realzar tu dormitorio y hacerlo más sexy. Prueba varios aromas en noches diferentes para darle un toque picante a las cosas. Tanto si tu hombre y tú queréis relajaros después de un ajetreado día en la oficina, como si ambos los utilizáis para despertar y dar energía a vuestros sentidos para el sexo y los azotes, los aromas pueden marcar la diferencia. Un difusor de aceites esenciales, unas velas ligeramente perfumadas, esencias. Y los perfumes pueden ser estupendos para mejorar el estado de ánimo. Asegúrate de elegirlos juntos.

### 3. Mantén tu dormitorio a una temperatura ligeramente más fría

Cuando se trata de la sensualidad de tu dormitorio, la temperatura definitivamente importa. Si está demasiado fría, puede limitar el número de posturas que podéis hacer, y el cuerpo no se calienta. Si hace demasiado calor, os resultará incómodo a los dos. Sudar demasiado puede acabar con el buen humor.

### 4. Los aceites de masaje son divertidos

El masaje sensual es una de las formas más eficaces de salir de tu cabeza y entrar en tu cuerpo, a la vez que conectas con tu pareja y realizas unos ligeros juegos preliminares. Los aceites de masaje pueden utilizarse entre azotaina y azotaina, así como antes y después. Es una forma lujosa de aumentar las sensaciones de las sesiones.

### 5. Consigue unas sábanas sexys

No hay nada más excitante que unas sábanas sexys. Consigue un juego de sábanas de calidad y alto número de hilos que os gusten a los dos. Evita comprar sábanas blancas porque, lo creas o no, las manchas se ven fácilmente. Considera un estampado sexy o sábanas de satén para que, cuando os tumbéis sobre ellas, os pongan a los dos de buen humor.

## 6. Monta un buen equipo de música

La música y el sexo llegan a partes muy primarias de nuestro cerebro, por eso van tan bien juntos. Puede parecer cursi, pero no lo descartes hasta que lo hayas probado. La música adecuada puede dar un nuevo aire a tu mambo de colchón. Elige la que te haga sentir más sexy. Coge unos altavoces de calidad y pon en marcha tu lista de reproducción hábilmente elaborada, y deja que las dulces melodías te lleven más adentro de tu cuerpo.

# Consejos para condimentar tu vida sexual:

1. **Ten una aventura con tu Reina.** Planifica tu cita y fingid que tenéis una aventura entre vosotros. Seduce a la otra, bromea y sé sexy y aventurera.

2. **Juegos de rol.** Vestirse como otro ser humano es una forma fácil de que todos tus deseos secretos se cumplan sin una aventura. Intenta ser un médico, un paciente, un profesor, un estudiante o incluso un soldado.

3. **Piensa como un niño.** Cuando eras un joven adolescente, puede que te hayas enamorado. Pero eso no significa que de vez en cuando no debas comportarte como tal. Sé creativo y actúa como si tuvieras 18 años el fin de semana. Vístete como tal, sal por ahí y conviértete en un adolescente.

4. **Concéntrate en los Juegos Previos.** Hacer hincapié en los juegos preliminares es una de las mejores formas de tener un sexo estupendo. Dedica sólo quince minutos

más a ponerte cachondo antes de tener sexo. Al final ambos tendréis mejor sexo.

Durante esos quince minutos, acariciaos y elogiad el cuerpo del otro.

5. **Haz que el sexo sea imprevisto e imprevisible.** Por complicado que parezca, evita planificar el sexo o programarlo a menos que ambos estéis ocupados.

6. **Sé innovador y sorprendentemente justo.** A medida que la relación madura, deben construirse nuevas formas de ser creativos. Regálate algo que haga que tu corazón se acelere y tu vida sexual sea super sexy.

7. **Trae a tu cama cosas sexys.** Llena tu cama de nuevas expectativas. Visita tu farmacia más cercana o una tienda para adultos y expone tus sentidos a juguetes sexuales, lubricantes, feromonas y todo lo demás.

8. **Siéntete sexy.** Ponte guapo y, si es necesario, sigue haciendo ejercicio.

Date un aire dulce, ponte lencería sexy y hazte un nuevo corte de pelo.

Siéntete sexy y te verás sexy.

9. **Vive los sueños más salvajes.** Que tengas una relación duradera no significa que no debas abrazar tus fantasías. Háblalo con tu amiga y disfrutad juntas.

10. **Practica el retraimiento.** Perderá su encanto si sabes que puedes tener sexo siempre que quieras. Deja de tener sexo de vez en cuando y resérvalo para los días en que salgas de fiesta o te relajes un poco. Planifícalo bien, y puede ser una enorme excitación.

11. **Factor de choque.** Conmocionaos sexualmente el uno al otro. Sorprende a tu pareja de vez en cuando en un subidón sexual. Sorpréndele cuando llegue desnudo a casa o dile que cuando salgáis los dos a cenar, no llevarás las bragas debajo de la falda corta.

12. **Piensa más allá de la cama.** Piensa más allá del dormitorio. Además de la cama, hay muchas zonas apasionantes. Piensa en la cocina, el sofá, la bañera, el patio o la piscina. Sé creativo y será más divertido recompensar a la gente.

13. **Añade Comida.** Llena el ambiente de comida y bebida. Regala comidas o cocinad juntos. Los alimentos afrodisíacos harán que tu amor sea más romántico y te pondrás cachondo con unas copas.

14. **Masajes con sensualidad.** Desnudaos y daos un masaje sensual sin sexo. Busca el placer y anima a tus dedos a quedarse un rato. Mientras el orgasmo de tu pareja esté en el punto de mira, os hará sentir bien a los dos.

15. **Prueba el Sexo Tántrico.** Lleva el sexo tántrico al dormitorio para disfrutar de un encuentro sexual intenso y apasionado.

16. **Piensa en lo pervertido.** No hay nada que quite la emoción del sexo salvaje cuando la relación empieza a ralentizarse en la cama. Hablad de vuestros sueños y dad vida a vuestros fetiches y deseos extravagantes.

17. **Tomaos unas vacaciones divertidas de vez en cuando.** Elige un destino de vacaciones que os apetezca visitar a los dos, ya sea un centro turístico sexual abarrotado

de gente o una encantadora isla paradisíaca idílica. Pasad todas las vacaciones soñando con sensaciones sensuales.

18. **Llama y envía correos electrónicos calientes**. No esperes a seducir a tu pareja. Sólo tienes que enviar unas cuantas fotos sexys a mediodía y burlarte de tu pareja si ambos queréis quedar por la noche.

19. **Mira porno**. A veces ver porno os ayuda a los dos a poneros de humor y a hacer mejor el amor viendo a una pareja en la pantalla.

20. **Haz el tonto**. No intentéis ataros el uno al otro durante ningún tiempo a solas. Sed cariñosos el uno con el otro todo el tiempo y, a veces, llevad el afecto a un nivel totalmente nuevo. Si están hablando por teléfono, quítales los pantalones y hazles un oral en plena llamada.

21. **Juegos corporales**. En lugar de practicar sexo, jugad con el cuerpo del otro.

Pinta con colores fosforescentes o comestibles el cuerpo de tu pareja.

22. **Crea un vídeo desde casa**. Crea un vídeo mientras practicáis sexo juntos. Bórralo o escóndelo en un lugar seguro después de haber realizado el acto. Verte en el vídeo puede ser una excitación masiva para todos.

23. **Lleva ropa reveladora**. Muestra algo de piel desnuda, y haz que parezca un accidente de vez en cuando.

24. **Utilizar espejos**. Utiliza espejos de cuerpo entero para aumentar tu experiencia sexual junto a la cama.

Cuando quieras recrear un sueño romántico de cuarteto, puedes practicar sexo muy cerca del espejo. Mira o imagina una nueva pareja de ti mismo.

25. **Haz un poco de ruido.** Gemir o susurrar cosas sensuales en la cama es una excitación enorme que no se puede explicar. Habla en la cama y, en un santiamén, despertarás a tu pareja.

26. **Configuración sexual.** Dale a tu habitación un aire sexual. Utiliza perfumes y velas para que hacer el amor parezca un lujo suntuoso.

27. **Sed sinceros.** No podréis disfrutar ni ser fieles al mejor sexo de vuestra vida hasta que ambos compartáis pensamientos y recuerdos sexuales, ya sea sobre una obsesión romántica o un recuerdo sentimental, el uno con el otro. Evitad ser mentalmente torpes, y vuestra relación sexual florecerá.

28. **Leed juntos una novela erótica.** El espíritu es nuestro órgano sexual más significativo. Construye e imagina sueños. Será un giro más sustancial de lo que crees.

29. **Crea recuerdos sexuales.** Prueba siempre algo nuevo. Practicar sexo en el coche o en la playa durante unas vacaciones, nadar desnudos en una piscina, o incluso en pareja en la cama. Mientras ambos creéis continuamente recuerdos frescos y excitantes, el sexo nunca será aburrido.

30. **Sé fiel a la relación.** A pesar del amor y la confianza que hay en el aire, nada puede empañar más vuestra relación que la infidelidad. Puede que lleguéis al extremo de hacer intercambio de parejas o participar

en otras ideas pervertidas. Pero mientras haya amor y confianza, podréis encontrar la forma de reavivar la excitación sexual sin perderos. Probablemente resistirás la prueba del tiempo si buscas oportunidades para tener mejores relaciones sexuales con tu pareja. Disfrutad de la dicha del romance y mantened vuestra pasión en ebullición juntos con cosas nuevas y sexys.

# CAPÍTULO 15

# El orgasmo femenino

C omo caballero de apoyo en una relación dirigida por una mujer, es obligatorio que comprendas el orgasmo femenino. Se considera el punto álgido de la excitación sexual de una mujer. Es un poderoso sentimiento de placer físico y sensación. El orgasmo femenino se produce cuando tu Reina alcanza el punto máximo de placer. El cuerpo libera tensión, y los músculos perineales, el esfínter anal y los órganos reproductores se contraen rítmicamente. Experimentará que los músculos de la vagina y el ano se contraen aproximadamente una vez por segundo durante unas cinco u ocho veces. Puede aumentar la frecuencia cardiaca y respiratoria. Antes y durante un orgasmo, la vagina puede humedecerse, e incluso puede eyacular este fluido. Sólo el 65% de las mujeres heterosexuales dicen que siempre tienen un orgasmo durante el acto sexual, mientras que el 95% de los hombres heterosexuales dicen que siempre tienen un orgasmo.

Hay varios tipos de orgasmos que puedes dar a tu Reina, siempre que domines las técnicas adecuadas. Entre ellos se incluyen:

- **Orgasmo clitoriano:** Es cuando se produce un orgasmo debido a la estimulación del clítoris. Se ha descubierto que el 60% de los orgasmos femeninos se producen debido a la estimulación del clítoris.

- **Orgasmo vaginal:** Es cuando se produce un orgasmo por estimulación vaginal o cuando estás penetrando a tu Reina. Los orgasmos vaginales parecen producirse por estimulación indirecta del clítoris durante el acto sexual.

- **Orgasmo combinado:** Se produce cuando los orgasmos clitoriano y vaginal ocurren juntos.

- **Orgasmo anal:** Algunas reinas pueden experimentar el orgasmo a través de la adoración del culo.

- **Orgasmo del punto G:** Puede producirse un orgasmo como resultado de la estimulación del punto G.

- **Orgasmos múltiples: Lo** más probable es que tu Reina pueda experimentar una serie de orgasmos en poco tiempo.

Una experiencia orgásmica múltiple consiste en orgasmos sucesivos uno tras otro.

## Cómo calentar a tu reina para los orgasmos

Lo primero es lo primero: tienes que averiguar si prefiere la estimulación directa o indirecta, es decir, tocar el clítoris en sí o a través de los labios y el capuchón del clítoris. Puedes probar a calentar a tu Reina frotándole ligeramente el clítoris con los dedos al principio, "haciendo una especie de espiral alrededor del clítoris". Luego sigue con la adoración oral.

Puedes tocar y estimular adecuadamente su punto G introduciendo el dedo corazón en la vagina y palpando la pared frontal. Sentirás una zona que probablemente tenga una textura ondulada. Detente ahí y utiliza un ligero movimiento de entrada y salida para estimular frotando en esa zona.

Los orgasmos combinados pueden resultar muy potentes para tu Reina. Puedes combinar la estimulación del clítoris con algún otro tipo de estimulación, como el masaje de los pechos o la estimulación del punto G. Cuando se masajean los pechos y se estimulan los pezones, se libera oxitocina, que provoca las mismas contracciones uterinas y vaginales asociadas al orgasmo.

Masajea sus pechos, especialmente la zona situada justo encima de la areola, que para muchas personas es la más sensible al tacto. Lo mejor es empezar por los bordes exteriores, con el dorso de los dedos, y avanzar lentamente hacia el centro. También puedes hacer rodar el pezón entre el pulgar y el índice. A algunas reinas les encanta que su hombre respire, lama, chupe o pellizque los pezones. Pero empieza suave, ya que los pechos son una zona muy sensible. Estimular varios puntos al mismo tiempo puede hacer que el orgasmo sea mucho más placentero y explosivo, y que ella siga pidiéndote más. Tu único deber como su comprensivo caballero sumiso es ser capaz de proporcionar a tu Reina la excitación y la satisfacción sexual que se merece.

# CAPÍTULO 16

# Cómo practicar sexo oral

Cuando estés listo para dar placer oral a tu Reina, hay que seguir unas reglas básicas para garantizar una experiencia fabulosa. En primer lugar, asegúrate de que está en una posición cómoda. Empieza con ligeros juegos preliminares que la ayuden a calmarse. Bésale el cuello, los labios, los pechos, el pecho y el ombligo, y ve bajando. Saborea cada momento como si estuvieras descubriendo su cuerpo por primera vez. Dile lo hermosa que es y lo mucho que te gusta sentir sus curvas y su piel. Será mucho más relajante cuando mantengas el foco de atención en tu Reina en todo momento. Los hombres suelen subestimar el poder de un cumplido. Ahora vas a practicar sexo oral como si fuera un verdadero arte.

Mientras practicas sexo oral, es posible que te pasen muchos pensamientos por la cabeza. Puede que te preguntes: "¿Le está gustando?". "¿Lo estoy haciendo correctamente?". Ten confianza y busca pistas. ¿Está relajada? ¿Está gimiendo? ¿Está sonriendo? Si no es así, haz preguntas:

"¿Qué te parece esto?" "¿Te gusta esto?"

Al principio, debe ser mucho más como si te burlaras de ella. La estás excitando. La besas por fuera de las bragas y se las quitas lentamente. Mantén el contacto visual. Cada movimiento y cada contacto visual deben ser deliberados. Observas su respiración, sus ruidos, la expresión de su cara. Mantienes toda la atención en su disfrute. La idea es seducirla lentamente mientras la excitas.

Ahora estás preparado para practicar un sexo oral alucinante a tu Reina. Tu atención debe centrarse siempre en cómo puedes conectar con la fuerza y la energía divinas que hay en ella, cómo puedes conseguir que cobre vida. Debes acercarte a su vagina como si estuvieras adorando su centro divino. Así es como ambos conectáis con la energía universal y es importante que siempre enfoques el sexo como un culto a la Diosa. Independientemente de lo que haya ocurrido durante el día, ella esperará que durante el sexo se despliegue un estado de ánimo amoroso y sensual, y necesita sentir tu confianza al darle placer oral y adorarla.

Una de las partes más importantes de los preliminares es poner a tu Reina en un estado de ánimo positivo, relajado y feliz. Quieres que sienta que ésta es la actividad más excitante y agradable para ti. Las Reinas, independientemente de su experiencia, pueden sentirse muy cohibidas cuando tienen la cara de un hombre entre las piernas, pero se calman rápidamente si lo abordas con entusiasmo y sabes lo que haces. Los cumplidos positivos le asegurarán que estás ansioso y excitado por complacerla. Dile que su olor es provocativo y te excita. Una vez abajo, detente un momento y dile que te encanta su sabor. Dile que su coño es fantástico, potente, y que te encanta todo lo que tiene que ver con él. Si eres capaz de transmitirle cada una de estas creencias de forma sincera, estarás en camino de dar caña y salir adelante.

Tomarte tu tiempo es otra forma estupenda de ayudarla a sentirse más relajada y entusiasmada con lo que le tienes preparado. Empieza despacio. Acaricia, masajea y besa toda la zona antes de sumergirte en ella. Sigue masajeándole las piernas y las zonas externas mientras besas alrededor de la vagina para que siga calentándose y relajándose. Tienes que darle tiempo para que acumule su energía divina, y tú casi tienes que entrar en tu propio estado de euforia mientras le haces sexo oral alucinante.

Ahora estás en el clítoris. Éste es extremadamente sensible, así que ten cuidado con ligeras lamidas y caricias. Mantén la atención en las zonas externas, incluso mientras desplazas tu atención hacia el clítoris. La razón por la que el sexo oral es tan poderoso es el clítoris. Es la principal región de enfoque del sexo oral para ella, pero quieres tomarte tu tiempo para llegar hasta allí. El clítoris es la parte más rica en nervios del cuerpo de la mujer. El glande del clítoris contiene unas ocho mil terminaciones nerviosas, lo que lo convierte en el centro neurálgico del placer. Para tener algo de perspectiva, eso es el doble de terminaciones nerviosas que el pene. Y su potencial no acaba ahí. Esta diminuta zona erógena se extiende a otros quince mil nervios de la zona vaginal, lo que explica por qué a las mujeres les gusta tanto el sexo oral.

Sabemos que las mujeres son todas únicas, y el coño no es diferente, por lo que el coño de cada mujer e incluso sus clítoris son distintos. Cada mujer necesita un tipo diferente de estimulación para sentirse satisfecha, dependiendo de su biología única. Para algunas mujeres, es tan sensible que pueden no querer que se estimule directamente. Algunas mujeres pueden preferir que se les toque cerca y alrededor del clítoris, pero no directamente sobre él, porque sencillamente es demasiado sensible con la estimulación directa. Otras mujeres están bien con la estimulación directa e incluso quieren que se lo chupes hasta el orgasmo.

Tal vez te hayas confundido acerca de dónde está su Punto G o cómo encontrarlo. Esta notoria zona de placer se hizo sensacionalista allá por los años ochenta, cuando se creía que si sólo se podía acceder al Punto G desde el interior de la vagina, promovería el orgasmo femenino. Pero ahora sabemos que algunas mujeres tienen más sensibilidad en las partes internas del complejo clitoriano. Por eso algunas mujeres prefieren la penetración vaginal y el coito más que otras. Puede que te lleve un poco de tiempo aprender a estimular todas las zonas adecuadas, pero con la práctica llega la perfección, por eso es importante mantener relaciones sexuales regulares y practicar sexo oral con tu Diosa como centro de atención.

Cualquiera puede introducir el pene y moverlo hacia delante y hacia atrás hasta el orgasmo. Se necesita un auténtico Casanova para dominar la práctica del sexo oral a una Reina. Mi libro *Sexo oral para mujeres* es tu guía para dar a tu reina el mayor placer oral de su vida. Profundizo en todos los consejos y técnicas que puedes añadir para asegurarte de que ella tenga una experiencia de sexo oral demoledora.

Lo bueno del placer oral es que también existe la posibilidad de añadir juguetes sexuales, que pueden aumentar la excitación y la intensidad, además de añadir algo de variedad a vuestras relaciones sexuales. Cada noche es una oportunidad de probar algo nuevo en el sexo dirigido por mujeres.

Los siguientes son varios juguetes sexuales para añadir a tus sesiones de sexo:

- **Los vibradores** son probablemente el tipo de juguete sexual más común.

- **Los vibradores de varita** son más intensos con mayores RPM. También pueden ser excelentes masajeadores para los hombros, las piernas y la espalda.

- **Los vibradores de clítoris** suelen ser mucho más pequeños y son mejores para las personas a las que les gusta la estimulación directa del clítoris.

- **Los consoladores** están pensados para simular la penetración del pene. Pueden ser de cualquier longitud o grosor. Los hay de cinco centímetros y de tamaño monstruoso. Las personas que disfrutan con la sensación de ser penetradas o con la sensación de plenitud en la vagina o el ano pueden disfrutar jugando con un consolador.

- **Los plugs** estimulan el anillo de nervios que rodea el ano. La diferencia entre utilizar un plug anal y un consolador es que el primero entra y sale, mientras que el segundo se queda dentro y proporciona una sensación de plenitud sostenida. Ahora también hay tapones anales vibradores para aumentar las sensaciones.

- **El juguete conejo** es una combinación de un vibrador externo y un juguete para el punto G. Tiene una parte externa que suele parecer unas orejas de conejo y que proporciona vibración al clítoris. Y un segundo accesorio va dentro de la vagina para la estimulación del punto G, de modo que obtienes el doble de sensaciones. Hay muchas variaciones de vibradores, incluidos los que soplan aire, los ergonómicos y los que permiten una doble vibración para que tú y tu Reina los utilicéis juntos. Además, prueba un vibrador que funcione con una aplicación para que puedas controlar la diversión.

- **Las bolas anales** son otra opción. A diferencia de los tapones anales, que normalmente se introducen y permanecen dentro, las bolas anales proporcionan la sensación de que el esfínter anal se abre y se cierra. Sacarlas cuando llegas al orgasmo puede crear un orgasmo más intenso.

- **El Waterslyde** es un largo tobogán de plástico que se ata a la parte inferior del caño de tu bañera y desvía el agua directamente a tus zonas más íntimas. Este juguete se inspiró en la práctica habitual de tumbarse debajo del caño con las piernas en alto para estimular los genitales, lo que puede resultar incómodo e incómodo. Es algo que se puede utilizar conjuntamente si tu bañera es lo suficientemente grande.

- **Las sujeciones** incluyen esposas para las muñecas, esposas para los tobillos y correas para debajo de la cama; este conjunto incluye todo lo básico. Las correas se ajustan fácilmente y las esposas están acolchadas, lo que garantiza una experiencia segura y cómoda. Si estás pensando en explorar el BDSM, como los azotes, el bondage y mucho más, no olvides tus ataduras.

- **Las herramientas para dar azotes** consisten en palas, bastones, floggers y plumas. Mi libro *Azotes* tiene todos los detalles y es una guía completa sobre todo lo que necesitas para crear la experiencia perfecta de azotes y D/S BDSM.

Los hombres pueden aprender mucho sobre cómo dar placer adecuadamente a una mujer, y hay una gran variedad de consejos sexuales para hombres, que pueden seguirse para dar a tu Reina la satisfacción sexual que se merece. Lo único que hay que tener en cuenta sobre el sexo oral es que, aunque está creciendo y se está haciendo más popular, hasta el punto de que ahora aparece muy a menudo en los principales medios de comunicación, las mujeres aún pueden tener dudas sobre la experiencia del sexo oral debido a diversas cuestiones. La forma en que manejes estas dudas afectará drásticamente a tu vida sexual.

Muchas mujeres se han convencido a sí mismas de que no les gusta el sexo oral, y a menudo intentarán convencer a su hombre de ello también. También hay muchos casos de hombres que desean practicar sexo oral, pero no saben cómo abordar el tema ni por dónde empezar. Es posible que antes no estuvieran seguros de su técnica y les preocupara incluso hacerlo por miedo a las críticas de su Diosa. Pero todo esto no son más que razones basadas en la inseguridad. Una vez que una mujer se siente cómoda dejando que se la chupes, todo cambia, pero puede llevar algún tiempo abordar las inseguridades.

Para empezar, las investigaciones demuestran que los problemas relacionados con la imagen corporal tanto de hombres como de mujeres van en aumento. Cuando la mayoría de la gente piensa en la imagen corporal, piensa en el aspecto físico y en lo atractivos que son. Pero *Psychology Today* sugiere que la imagen corporal es la representación mental que tenemos de nosotros mismos e influye en el comportamiento, los sentimientos, las creencias, los planes, a quién elegimos como pareja, nuestro trabajo y nuestras interacciones cotidianas. Así pues, cuanto más puedas tú, como caballero comprensivo, influir en la perspectiva de tu Reina y en cómo se percibe a sí misma, más relajada y feliz se sentirá.

Las mujeres siempre se quejan de no sentir que su hombre las aprecia de verdad o las encuentra sexys. Las mujeres suelen compararse con otras mujeres, porque en el fondo las consideran competencia. Pero, ¿y si le aseguraras a diario a tu Reina que ella es suprema y que a ti sólo te importa una cosa: proporcionarle todo el placer posible? ¿Cómo cambiaría eso las cosas para ambos? ¿Cómo transformaría vuestra relación?

Las investigaciones demuestran que el 56% de las mujeres están descontentas con su aspecto general: abdominales y barriga, peso corporal, caderas y músculos. Lo que resulta aún más chocante es que el 63% de los hombres también tienen problemas con su aspecto general y, al igual que las mujeres, los hombres están descontentos con sus abdominales, pecho y músculos. ¿Por qué es importante? Bueno, gran parte de nuestro comportamiento se deriva de estos problemas profundamente arraigados con la imagen corporal. Recuerdo mis propias experiencias de sobrepeso y de no sentirme nunca lo bastante buena para tener relaciones sexuales con un hombre. Recuerdo que llevaba mucha ropa moldeadora y me ponía muy paranoica cuando llegaba el momento de que un hombre descubriera lo que había debajo de toda mi ropa. Creo que fue esta inseguridad la que pudo haberme llevado al espectro opuesto de hacer ejercicio hasta parecer una atleta olímpica.

Del mismo modo, tú y tu Reina podéis estar albergando algunas de estas problemas, y es importante abordarlos y superarlos de forma positiva. Servir a tu Reina y aceptarlo todo de ella es el primer paso. Los hombres críticos ponen inmediatamente a la mujer a la defensiva, y una mujer infeliz significa una vida y una vida sexual infelices. Es mucho menos probable que una mujer se interese por el sexo regular, y mucho menos por experimentar con el sexo oral, distintas posturas, juguetes y accesorios.

Lo que una mujer siente por su cuerpo y lo que ella cree que tú sientes por su cuerpo marcará una gran diferencia en lo relajada que esté durante el sexo para disfrutarlo. Así pues, tu trabajo consistirá en reforzar su ego y tomar nota de cómo se siente cada día. Puedes decirle lo guapa que es, lo mucho que te gustan su vientre, sus pechos y sus muslos. Debes ser coqueto durante todo el día, no sólo en los preliminares. Ve de compras con ella, ayúdala a elegir ropa sexy y muéstrate abierto cuando te exprese sus inseguridades. "Cariño, ¿qué tal me queda el culo con estos vaqueros?" debería responder: "Estás guapísima" o "Estás increíble". Puede que algunas mujeres no estén de acuerdo con este enfoque, pero a las mujeres les encantan los halagos. Dicho esto, la forma de tratar a tu reina nunca debe ser falsa o fingida. Una mujer inteligente y sofisticada siempre sabrá si estás mintiendo.

Una investigación de *Psychology Today* revela que el 89% de las mujeres querían perder peso. También descubrieron que más del 57 por ciento se sentían inadecuadas a los veinte años, que es cuando empiezan a formarse muchas relaciones. El

40% de las mujeres también indicaron que la opinión de su pareja sobre su aspecto era extremadamente importante para la imagen corporal. Así que lo más probable es que tu Diosa no esté contenta con su cuerpo y necesite que la tranquilices. Muchas mujeres indican que si su pareja las ve guapas, es más probable que se sientan guapas y confíen menos en sus propias críticas. Ésta es una oportunidad para que no sólo seas un gran amante, sino también un gran compañero.

Parte de ser una gran compañera consiste en mostrar apoyo incondicional a tu Diosa y aceptarla con todos sus puntos fuertes y débiles. Cuanto más puedas hacer esto en la vida cotidiana, más se extenderá a tu vida sexual. Las investigaciones demuestran que el doble de personas juzgan las experiencias sexuales como fuente de buenos sentimientos y no de malos. Para ambos sexos, los factores interpersonales y emocionales sirven más a menudo para reforzar, no para castigar. Es una noticia alentadora; implica que existen muchas vías para mejorar nuestros sentimientos hacia nuestro cuerpo.

No hay duda de que las experiencias sexuales afectan a nuestra imagen corporal, y nuestra imagen corporal afecta a nuestro sexo. Cuanto menos atractivos os sintáis tú o tu Reina, menos probabilidades tendréis de disfrutar de la experiencia sexual y menos relajada se sentirá ella a la hora de abrirse al sexo oral. Esto también te afecta a ti, ya que el 70% de los hombres afirman que la experiencia sexual afecta a su vida en general y a la imagen que tienen de sí mismos. La moraleja de la historia es que hay varios factores que pueden afectar a tu relación y a tu vida sexual, por lo que la comunicación abierta es la mejor forma de resolver muchos de los problemas que a menudo conducen a la negatividad, que finalmente lleva a la destrucción de las relaciones.

Investiguemos la psicología de por qué las mujeres siguen estando en contra del sexo oral y cómo puedes ayudar a cambiar esto. Cuando una mujer se siente segura de su aspecto, su sabor y su olor ahí abajo, incluso disfrutará besando a su hombre después de que él haya bajado ahí. Disfrutará saboreando lo que él acaba de probar y disfrutará compartiendo el sabor de los labios de él y de ella después de una sesión de sexo oral extra húmedo.

Cuando estaba trabajando en este libro, descubrí que bastantes mujeres se sentían muy incómodas y no obtenían ningún placer al recibir sexo oral. Son tensas al respecto y no les gusta que sus hombres se la metan ahí abajo. Ni siquiera entienden por qué a un hombre le gustaría chupársela a una mujer. Si accedían a regañadientes, lo permitían porque pensaban que a sus hombres les gustaba. Incluso entonces, las mujeres se tumbaban pasivamente y esperaban, soportándolo sin placer hasta el final. Me preguntaba cómo era posible que estas mujeres no se dieran cuenta de lo maravilloso que puede ser el sexo oral. Yo había experimentado todos esos orgasmos increíbles gracias a él, y no podía imaginarme vivir sin él.

La mayoría de las mujeres tienen la suerte de llegar al orgasmo durante una primera experiencia de sexo oral. Estas mujeres afortunadas experimentan cierto placer inicial y aprenden a mejorar la experiencia cada vez. Como resultado, aumentan la calidad y la cantidad de sus orgasmos probando y ensayando de forma natural distintas técnicas y posturas hasta crear su estilo único de recibir y orgasmar con el sexo oral. Así que, como hombre, no sólo tienes que aprender las técnicas y posturas básicas de este libro, sino que tienes que prestar atención a cada mujer. Tienes que ser sensible al estilo de recepción de cada mujer.

Algunas mujeres incluso descubren el placer del sexo oral por primera vez con otra mujer durante la experimentación en el instituto o la universidad con el sexo entre chicas. Pueden poner a prueba sus tendencias lesbianas o bisexuales dando un paseo por el lado salvaje con una amiga lesbiana o una compañera de universidad bi-curiosa. La mayoría de las mujeres lesbianas y bisexuales están más que dispuestas a ayudar a una mujer heterosexual a experimentar. Las lesbianas y las mujeres bisexuales también se muestran entusiastas y excitadas ante una invitación a practicar sexo con otra mujer, y ese entusiasmo es un factor clave de excitación en el sexo oral.

Muéstrale que estás deseando complacerla ahí abajo y hazle algunos cumplidos. Debes seducirla mostrándote muy excitado y entusiasmado por chupársela. Una vez que la penetres y le des su primer orgasmo oral, su opinión sobre el sexo oral cambiará rápidamente, créeme. Los mayores problemas del sexo oral para las mujeres proceden de los medios de comunicación y la publicidad. Se invierten millones de dólares en anuncios de duchas vaginales y tampones en revistas, televisión y en Internet. Al crecer, a las mujeres se nos enseña que nuestras vaginas son desagradables y sucias, debido a décadas de condicionamiento patriarcal y falta de investigación. Es horrible, pero las religiones y enseñanzas sociales misóginas y patriarcales de los últimos siglos han intentado convencernos de que el órgano sexual femenino es asqueroso, lo que ahora sabemos que es médicamente falso.

De hecho, una vagina normal y sana es el lugar más limpio del cuerpo. Es incluso más limpia que la boca. Pero aun así, nuestro malestar persiste, y por muchas razones. Sin embargo, este condicionamiento social ha hecho que millones de mujeres tengan una mala opinión de sus coños. Piensan que son malolientes y asquerosos. Este mismo condicionamiento social hace que muchas mujeres tengan un estigma contra las lesbianas. Piensan que las lesbianas son asquerosas porque les encanta meter la cara en los coños.

Las mujeres se sienten incómodas con el aspecto, el olor y el sabor de sus coños porque desde pequeñas se les ha condicionado socialmente a que ahí abajo está sucio. Es realmente trágico que la sociedad promueva una mentira tan descarada simplemente para mantener a las mujeres abajo y destruir su autoestima. Podéis formar parte del movimiento *Amar y Obedecer*, chicos. Podéis empezar a convencer a vuestras mujeres de que sus coños son hermosos. Da igual que tu mujer tenga más, menos o nada de vello, dos grandes montículos exteriores regordetes, unos labios interiores desiguales, un clítoris grande o pequeño: tienes que amar cada centímetro de él. Así que, si tu mujer se pregunta por qué quieres meter la cara entre sus piernas y lamerla, besarla y chuparla ahí abajo, tienes que convencerla de que su coño es precioso, huele muy bien y sabe delicioso, y de que realmente te excita estar cerca de ella. El entusiasmo te llevará a todas partes.

# CAPÍTULO 17

# Consejos sexuales para hombres

En una Relación Liderada por Mujeres, la regla número uno es que el sexo es para el placer de la Reina. Es importante que explores cómo satisfacerla en la cama y hacer que el sexo sea mejor para ella, así como qué necesita para tener una vida sexual feliz y sana. Para las mujeres, todo empieza y acaba en la mente. Los grandes amantes no necesitan técnicas. Averiguan qué excita a una mujer y dominan las cosas sencillas que dan placer a sus reinas. El sexo puede y debe ser una experiencia agradable de principio a fin. La conexión íntima y única que se crea entre tu pareja y tú empieza con los preliminares y dura todo el proceso. Una gran vida sexual puede fomentar la felicidad y la satisfacción en las relaciones personales y en la vida.

Entender que el sexo es una calle de doble sentido es una forma estupenda de garantizar que tu Reina se sienta realizada en el dormitorio. Sus necesidades y deseos son tan importantes como los tuyos. La excitación sexual está profundamente interrelacionada con el flujo sanguíneo y la oxigenación del cuerpo. Para que cualquiera de los dos miembros de la pareja se excite, debe aumentar el flujo sanguíneo a la zona genital.  La excitación sexual está profundamente entrelazada con el flujo sanguíneo y la oxigenación del cuerpo. Por eso, asegurarse de que tu Reina está suficientemente excitada es extremadamente importante. Mi libro *Sexo oral para mujeres te ofrece* una guía detallada de montones de trucos y técnicas que puedes utilizar para que tu Reina tenga un orgasmo alucinante. Aquí tienes unos cuantos.

En primer lugar, la mejor forma de satisfacer a una mujer en la cama es empezar besándola. A la mayoría de las mujeres les encanta que las besen en los labios, las tetas, el cuello, los muslos y casi en cualquier parte. Cuantos más, mejor. Besar es poderoso y añade mucha intensidad y pasión para encenderla sensualmente. Los juegos preliminares son vitales para satisfacer a una mujer, porque los verdaderos puntos de placer están fuera de su vagina.

Preguntarle lo que quiere y tomarte tu tiempo para ofrecerle una experiencia es la clave de la satisfacción sexual de tu pareja.

Tienes que mostrar tu pasión y tu deseo. La seducción empieza en la mente y fuera del dormitorio; tenlo en cuenta para que el sexo sea mejor para ella.

Cuando esté a punto de tener un orgasmo por el sexo oral, desliza la lengua muy deprisa a lo largo del clítoris. ¿Por qué funciona? El clítoris es mucho más de lo que puedes ver directamente bajo la capucha. Se extiende hasta lo más profundo del cuerpo de la mujer, así que cuando deslizas la lengua rápidamente a lo largo de su eje, no sólo cubres más territorio, sino que también creas vibraciones que ayudan a llevar tu estimulación más allá del alcance de la lengua.

Añade algunas caricias en los pechos y los pezones durante el orgasmo y como calentamiento para el sexo oral, y tendrás garantizado el máximo placer. El área que rodea las zonas erógenas, como los pezones, tiende a ser muy sensible. Besar y acariciar los pechos también son formas sencillas de humedecerla y aumentar la estimulación durante los juegos preliminares.

Otro gran consejo es cambiar el ritmo de tu acción de empuje. Empuja superficialmente y luego profundamente, luego empuja profundamente y aguanta. Siente cómo se contraen los músculos de su vagina alrededor de tu pene y deja que llegue al orgasmo. Haz que adivine y se pregunte qué nuevas técnicas utilizarás en cada sesión. Cuando una mujer se sorprende gratamente de lo mucho que disfrutas dándole placer, estará mucho más dispuesta a mantener relaciones sexuales.

A continuación, el sexo comienza en el momento en que ambos os desnudáis. Aprovecha este momento para sentir su cuerpo, abrazarla, besarla y masajearla. Mírala profundamente a los ojos mientras le quitas lentamente la ropa. No te precipites en este proceso. Muchas parejas que llevan años juntas se desnudan y saltan a la cama esperando a que empiecen las cosas. Si practicáis sexo en las mismas posturas que cuando estáis tumbados en la cama leyendo un libro, es una receta para el desastre. La Reina esperará que su hombre cambie las cosas. Deja que se ponga encima. Fomenta diferentes posturas y cambia de posición durante el sexo oral y con penetración. A veces ella está de espaldas o a veces está en la postura del "facesitting" o del "Queening". Tal vez esté sentada en el sofá con las piernas sobre tu hombro. En la variedad está el gusto. Añadir algo imprevisible puede ser muy erótico. Las sorpresas siempre son sexys.

Durante el sexo oral, puedes utilizar el dedo para ejercer una presión firme en tu interior. La combinación es fantástica. Los dedos son una forma estupenda de añadir algo de variedad. Cuando le hayas lamido el clítoris y esté estimulada, introduce un dedo en su vagina y dale unas cuantas caricias firmes. Cuando esté a punto de llegar al clímax, añade un segundo dedo.

Para la penetración, cambiad de postura. Prueba el estilo perrito, uno frente al otro, vaquera, vaquera invertida, utiliza un cojín sexual para elevar sus caderas, tumbada de espaldas mientras tú estás de pie con sus piernas sobre tu hombro, contra la pared y sexo en la ducha.

A continuación, masturbáos juntos. Antes de tocaros el uno al otro, probad a tocaros juntos. Mostraos mutuamente lo que os hace sentir bien tocándoos delante del otro. Mirarse masturbarse mutuamente aporta un elemento de voyeurismo y exhibicionismo, que es mucho más sexy y erótico.

# CAPÍTULO 18

# La Castidad y la Relación Femenina

L a castidad se ha convertido en una de las mayores categorías de interés en Relaciones Lideradas por Mujeres y ha explotado en los últimos cinco años. La Castidad es una oportunidad para que tu Reina sea tu líder suprema, ya que ahora ella controla cuándo llegas al orgasmo, y tú puedes mostrarle tu verdadera devoción como su caballero sumiso siguiéndole la corriente. La castidad está creciendo porque cambia el juego de las relaciones y de la vida sexual. Cuando estás en castidad, sientes los poderosos efectos de centrarte sólo en el placer de tu Reina. El sexo es para el placer de la Reina, y ésta es la regla número uno en las Relaciones Lideradas por Mujeres. Pero ahora tienes la ventaja añadida de esperar la recompensa de que ella te permita salir de la castidad o de la jaula. Es esta expresión de la dinámica de poder lo que hace que las parejas se obsesionen con la castidad, el control del orgasmo, el edging, etc.

El crecimiento de la castidad es innegable. Hay más programas de televisión y escenas en las películas que la representan, y si buscas la jaula de castidad en Amazon, verás miles de marcas y dispositivos a la venta. Una marca informó de la venta de más de un millón de dispositivos en los últimos doce meses, lo que significa que millones de parejas están obsesionadas con la castidad. La castidad se busca 200.000 veces al mes en Google. ¿Por qué tanta fascinación? Las parejas han declarado que la castidad y el control del orgasmo han transformado su relación o matrimonio, inyectando excitación, aventura y llevando la intimidad a un nivel completamente nuevo. ¿Quién iba a pensar que millones de hombres desearían llevar un candado de castidad durante días con su Reina como única llave?

Eso es verdadera confianza y devoción. Castidad significa abstinencia. El hombre se abstiene de mantener relaciones sexuales o de tener un orgasmo a menos que la Reina le dé permiso. A primera vista, esto puede parecer lo más antinatural del mundo. Algunos incluso pueden pensar: *"¿Por qué querría impedir el orgasmo de mi hombre?* Éste fue mi primer pensamiento cuando me lo presentaron, pero tras mi experiencia y un análisis en profundidad, se reveló el verdadero poder de la castidad masculina.

Hoy en día, la castidad se ha convertido en una experiencia transformadora para muchas relaciones. En el origen, y un punto importante que las mujeres deben comprender, cuando un hombre acepta la castidad, está mostrando una sumisión y devoción completas a su Reina, por encima de cualquier otra empresa en la vida. Además, otorga a la mujer un control total sobre él. Éste es el signo definitivo de respeto a la Reina y es esencialmente lo que transforma la relación.

Como parte de una Relación Guiada por la Mujer, la castidad masculina se convierte en la prueba principal, y muchas parejas han informado de mucha más intimidad y una profundización de su vínculo tras iniciar la castidad. La castidad masculina puede adoptar muchas formas: utilizando un dispositivo de bloqueo físico, la jaula de castidad, o ninguna. Puede implicar el control del orgasmo, el control de la eyaculación del semen o simplemente la ausencia total de gratificación sexual. Algunos hombres permanecen encerrados durante horas, otros durante días. La duración la determina la Reina, pero como en todas las demás prácticas de la relación, debe existir el consentimiento de ambos miembros de la pareja.

La castidad no debe utilizarse como forma de castigar al hombre. La verdadera razón de la castidad es profundizar la fijación del hombre en la Reina como soberana última de la relación. Ella tiene la llave de su cerradura y

tiene el control definitivo. Como práctica sexual en el estilo de vida dirigido por mujeres, la castidad masculina es la crème de la crème. La Reina tiene el control último y es la líder suprema. Para los hombres que están en una Relación Guiada por Mujeres o que ansían estar en una, dar a la Reina este tipo de control será orgásmico en sí mismo. Lleva tu excitación, el sexo y la vida cotidiana a un nivel completamente nuevo. Requiere cierto sacrificio, pero la relación se transforma y ambos evolucionaréis.

Cada vez más parejas han admitido practicar la castidad y hacer de ella el centro de sus relaciones. Las estadísticas no mienten. La castidad masculina forma parte de las Relaciones Lideradas por la Mujer, y como líder del Movimiento de *Amor y Obediencia* Liderado por la Mujer, puedo confirmar que el interés por que la mujer tome la iniciativa y el hombre se convierta en el caballero que la apoya se está extendiendo por todo el mundo. Los hombres se ponen en contacto conmigo todos los días y me hacen preguntas sobre cómo servir correctamente a su Reina. Hoy en día, la castidad lleva el liderazgo femenino a un nivel completamente nuevo. En una relación dirigida por una mujer, el deseo de ser controlado por una mujer fuerte se vuelve aún más importante. Cada vez más mujeres toman el control de muchos aspectos de su vida, y muchas dirigen países, gobiernos, corporaciones, ciudades, hogares y, ahora, el dormitorio. Parte de mantener viva la chispa de la relación consiste en controlar el foco del deseo del hombre en la Reina.

Toda mujer sabe que a los hombres les mueve el sexo. Para ellos es algo natural. Es un impulso primitivo que a los hombres les resulta imposible ignorar. Está programado en su ADN desde la noche de los tiempos. La fuerza irresistible de su libido es como un fuego ardiente, que quema todo lo que se interpone en su deseo de consumir. En una relación, la Reina se convierte en el objeto de su deseo. Como parte de una relación dirigida por una mujer, controlar el orgasmo de un hombre es el control definitivo, y ésta podría ser la razón por la que la castidad masculina está creciendo exponencialmente.

¿Por qué los hombres anhelan la castidad? Creo que se remonta a su necesidad de atención por parte de una mujer fuerte. El 50% de los matrimonios acabarán en divorcio, lo que significa que una parte importante de la población será criada por mujeres. De los hogares con familias biparentales, muchos están experimentando un cambio en el que la mujer asume el control. Así pues, los niños, sobre todo los hombres, ansiarán una mujer fuerte y dominante como sus madres. "Los hombres se casan con sus madres" se refiere a la idea de que un mayor número de hombres elegirán una pareja a largo plazo que presente características similares e incluso pueda parecerse a sus madres. También creo que los hombres ansían la misma disciplina y atención que recibieron de una figura materna fuerte. La reina que pone a su hombre en castidad tiene el máximo control, y a los hombres les encanta esto. Sucumben a una mujer fuerte porque mantiene la atención en ellos. Más atención en la relación significa una relación o matrimonio más fuerte.

En las Relaciones Lideradas por Mujeres, más hombres han admitido que disfrutan y tienen un fuerte deseo de que sus mujeres les controlen. Por ejemplo, colocar un pene en una cerradura de castidad donde la Reina tiene la única llave es excitante en sí mismo. Hoy en día, hay más relaciones dirigidas por mujeres. Las mujeres toman las riendas en el hogar y en el dormitorio. A los hombres les encanta la experiencia de estar bajo el hechizo y el dominio de la mujer, y los azotes aumentan la sensación de control de la Reina. Cuando las mujeres se sienten con poder, están en su mejor momento, y los hombres se excitan cuando ellas toman las riendas y muestran su poder. La mayoría sale ganando.

# CAPÍTULO 19

# ¿Por qué la castidad masculina es tan excitante?

L a castidad masculina implica ceder el control total a tu Reina, incluso sobre tus orgasmos y tu experiencia sexual. En última instancia, ella toma todas las decisiones. ¿Por qué es tan excitante? La Reina tiene la llave del dispositivo de castidad y controla el orgasmo. Para comprender lo que ocurre con la castidad masculina y por qué es tan excitante, es importante observar lo que ocurre a nivel fisiológico. A continuación, analizaremos el ciclo de respuesta sexual.

Hay cuatro etapas en el ciclo de respuesta sexual:

1. **Deseo:** La fase inicial de excitación se desencadena por estímulos mentales o físicos con aumento de la tensión muscular, pezones erectos, flujo sanguíneo a los genitales, lubricación vaginal y precum.

2. **Excitación:** Es la fase de meseta con mayor tensión sexual y sensibilidad justo antes del orgasmo.

3. **Orgasmo:** Es la liberación forzada de la tensión sexual que provoca contracciones musculares y eyaculación; generalmente, sólo dura de unos segundos a un minuto.

4. **Resolución:** Es el estado de recuperación y la vuelta a un estado normal. Los penes se refractan, pero la estimulación continuada en algunas vaginas puede conducir a orgasmos múltiples.

La fase de deseo es la primera etapa, y en ella se produce un aumento de la tensión muscular, del flujo sanguíneo a los genitales, de los pezones erectos y de la lubricación vaginal. Las cosas se calientan y comienza la excitación. En la fase de excitación aumentan considerablemente la respiración, la frecuencia cardiaca y la tensión arterial. El clítoris de la mujer se vuelve muy sensible, los testículos del hombre se retraen hacia el escroto y pueden empezar los espasmos musculares en los pies, la cara y las manos.

Es aquí donde puede empezar la negación del orgasmo. Puedes empezar provocando y negando cualquier caricia o excitación adicional. Manteneros a ti y a tu Reina en el punto álgido de su fase de excitación durante más tiempo sin llegar a la fase del orgasmo puede ser agradable para ambos. Esto representa un tipo de castidad. Una vez que hayas satisfecho tu fase de provocación y negación, es el momento de la fase del orgasmo.

Suele ser la más breve de todas las fases y consiste en contracciones musculares y eyaculación. En castidad, la Reina puede negar el orgasmo por completo o prolongarlo todo lo posible. Tras un orgasmo, la fase de resolución permite al cuerpo volver lentamente a su estado normal. Esta fase suele ir acompañada de sentimientos de satisfacción, intimidad y fatiga. Si tras un orgasmo no hay más estimulación, esta fase comenzará inmediatamente. El cerebro libera una serie de sustancias químicas cuando sentimos lujuria y atracción. La lujuria estimula la producción de estrógeno y testosterona en el cuerpo, lo que aumenta los sentimientos y el comportamiento eróticos.

Cuando nos sentimos atraídos por otra persona, se disparan nuestros niveles de dopamina, que es la misma sustancia química que se produce cuando nos sentimos bien, por ejemplo, durante la estimulación sexual. Cuanto más deseas y deseas un orgasmo, más de estas sustancias químicas circulan para mantenerte centrado en el objeto de tu atención, que es la Reina que tiene la llave de tu orgasmo. Son estas respuestas fisiológicas las que hacen que la castidad sea tan poderosa, porque toda la respuesta fisiológica del hombre durante el sexo está controlada por la Reina.

La castidad es excitante porque inyecta inmediatamente una sensación de excitación y tensión sexual en la relación cada día. Cuando tú y tu Reina estáis comprometidos y centrados el uno en el otro, con la Reina burlándose y el hombre mostrando una fuerza de voluntad y una devoción absolutas al contener el impulso más poderoso del cuerpo, se crea una sensación continua de sexualidad exacerbada. Cada día es estimulante, en lugar de una sensación de aburrimiento y monotonía. La castidad es lo más alejado de lo aburrido, y ayuda a volver a centrar la energía de la pareja en sí misma, lo que aumenta la intimidad, la comunicación y la conexión en la relación.

La última señal de control para una Reina es ponerle una jaula a su hombre. Aunque parezca divertido y una distracción, sigue centrando la atención en él. A su vez, muestra una devoción total hacia ti, ya que ahora es tuyo. Se somete a que controles todos sus movimientos. No puede ir lejos y vagar libremente si le has encerrado el pene, y como tú eres la persona que tendrá la llave de su libertad, te conviertes en su Reina, Diosa y soberana definitiva. Este control de la virilidad de un hombre les excita mucho.

El gran filósofo Hegel dijo en su dialéctica del amo y el esclavo: "El deseo desempeña un papel muy importante". Este filósofo afirmó que los animales tienen un deseo que se satisface con un objeto inmediato. El animal no es consciente de lo que desea. Sin embargo, esto es diferente para los seres humanos. Para Hegel, la historia equivale a la historia de las relaciones sociales: dos deseos humanos enfrentados. Lo que los seres humanos desean realmente es ser deseados por los demás. En otras palabras, desean ser reconocidos por los demás. Esto significa que el deseo humano es fundamentalmente un anhelo de reconocimiento. Los seres humanos quieren que los demás les otorguen un valor autónomo, un valor que les sea propio y les haga diferentes de los demás. Esto es lo que define la condición humana.

Por tanto, según Hegel, la principal característica del ser humano es imponerse a los demás. Por eso la castidad masculina -en la que la Reina impone su voluntad al hombre y toda la atención se centra en él mientras él la desea y le excita que ella le controle- es tan poderosa. Llega al corazón de la condición social. La parte del deseo, como propone Hegel, es una necesidad fundamental del ser humano. Desde el principio de la historia, ha habido dominadores y dominados. Debido a esa dominación, el amo coacciona al esclavo y le obliga a trabajar.

Sin embargo, el amo acaba dependiendo del esclavo para poder sobrevivir. Pero lo importante aquí es que, aunque el amo tenga el control y ostente el poder, el esclavo es indispensable. Esto se aplica a las Relaciones Lideradas por Mujeres y a la castidad, porque muchos oponentes argumentarán que la Reina tiene todo el poder, pero en realidad, es el hombre el que se vuelve inestimable al servirla. Ahora ella le necesita más, y él cumple su función de caballero solidario. La castidad lleva esto aún más lejos en el componente del deseo. Se satisface la necesidad humana básica, y el deseo de la Reina y su deseo de ser servida es lo que hace que esto sea tan poderoso para las relaciones. Según mi experiencia, tiene el poder de transformar la relación de formas que no podrían conseguirse con asesoramiento, retiros ni ningún otro método.

Recuerda que el poder puede definirse como la habilidad o capacidad de dirigir o influir en el comportamiento de los demás de una determinada manera. El poder no se limita a la dominación y la sumisión. En cambio, por poder en las relaciones se entienden las capacidades respectivas de cada persona de la relación para influirse mutuamente y dirigir la relación, y éste es un elemento muy complejo de las relaciones sentimentales que cambia cada día. Cada vez más hombres quieren que sus mujeres tengan poder sobre ellos. En las relaciones entre personas del mismo sexo, uno de los miembros de la pareja siempre domina. Un componente clave de la satisfacción sexual a largo plazo es la comunicación. Tu pareja y tú debéis sentiros cómodos hablando de lo que os gusta y lo que no, y de vuestras preferencias personales sobre cómo llegar al orgasmo.

Mantener estas conversaciones puede significar la diferencia entre sentirse frustrado o satisfecho. Abrir las líneas de comunicación también brinda la oportunidad de profundizar en vuestra sexualidad, probar cosas nuevas y solucionar problemas en curso. Es importante hablar largo y tendido sobre la castidad, ya que muchos hombres desean vivir la experiencia y la Reina tiene la sensación de poder y control totales sobre su hombre.

# CAPÍTULO 20

# Tipos de castidad masculina

El control del orgasmo, que incluye la negación del orgasmo y el edging, es una de las principales formas de castidad. Implican el acto de experimentar o permitir que otra persona experimente un alto nivel de excitación y placer sexual durante un tiempo prolongado sin permitir un orgasmo. Esto puede hacerse con o sin un dispositivo de castidad masculina. Para muchos, el control del orgasmo consiste en la acumulación y liberación físicas. Para otros, el aspecto psicológico del poder, el control y la cesión es lo más excitante.

Un hombre sumiso es obediente y hará todo lo posible para no correrse hasta que la Reina dominante dé permiso o fuerce el orgasmo. Si el sumiso no es lo bastante fuerte para aguantar el orgasmo por sí mismo, la Reina puede detenerlo simplemente con una orden. La fantasía de ser controlado suele impulsar la intensidad del orgasmo, junto con la anticipación y la liberación que suelen aumentar la fuerza con la que la pareja experimenta el orgasmo.

El control del orgasmo de tu hombre te permite a ti, la Reina, experimentar un alto nivel de excitación y placer sexual durante mucho tiempo, junto con orgasmos múltiples, sin permitir al hombre ningún placer excepto la gratificación que recibe al complacer a su mujer. Con el tiempo, esto entrena al hombre para centrarse en el placer de la mujer y agradecer el permiso para eyacular de vez en cuando. Es un área de experiencia erótica para muchos en las Relaciones Lideradas por Mujeres. El control del orgasmo también implica la negación sexual erótica, en la que se mantiene al hombre en un estado elevado de excitación sexual durante un largo periodo de tiempo sin permitirle llegar al orgasmo.

La negación sexual erótica tiene el poder de fortalecer tu intimidad con tu hombre y llevaros a ambos a niveles más altos de estimulación sexual sin permitirle llegar al orgasmo. En las Relaciones Lideradas por Mujeres, la Reina está al mando y tiene todo el poder para controlar a su hombre. Por eso, adoptar un papel dominante y retener su eyaculación durante un periodo de tiempo prolongado, le proporcionará orgasmos de infarto cuando finalmente los lleves al límite y le permitas llegar al orgasmo. Retener deliberadamente a tu hombre para que no llegue a ese momento explosivo hará que sus fantasías eróticas sobre ti se amplifiquen y aumentará su expectación por liberarse por fin y tener sexo contigo: te convertirás en su Diosa del Sexo.

La negación del orgasmo puede durar periodos cortos o largos, o puede utilizarse para quienes disfrutan alargando la anticipación del coito hasta que se hayan completado todas las demás tareas o actos sexuales. Tu hombre puede permanecer bloqueado en todo momento cuando lo único que deseas es llegar al orgasmo con la estimulación del sexo oral. El único momento para desbloquear a tu hombre es cuando deseas la penetración y la satisfacción especial que se obtiene con el coito. Todas las demás veces mantenlo encerrado, que pueden ser minutos, días, semanas o incluso meses, según tus deseos sexuales. Si te mueres de ganas de más sexo oral, la castidad masculina es una de las mejores formas de conseguirlo.

Todo hombre necesita experimentar la negación erótica del orgasmo. Prolongar ese impulso durante un periodo de tiempo prolongado puede conducir a cantidades espectaculares de excitación y excitación sexual. Prolongar el impulso de un hombre a explotar contribuye en gran medida a que la Reina no sólo demuestre su control supremo, sino que él está entrenado para tener fuerza de voluntad y autocontrol. La Reina se convierte en líder suprema cuando controla la fuerza motriz de un hombre. Incluso en la infidelidad, la mayoría de los hombres no buscan sólo sexo puro.

Si fuera así, la mayoría de los hombres estarían buscando una prostituta. Cuando un hombre engaña, busca la excitación y el deseo que le faltan en su relación actual. Con la castidad masculina, puede controlar su deseo simplemente controlando su pene y su capacidad de tener orgasmos. Así que la castidad masculina también puede utilizarse como herramienta para despertar una vida sexual muerta y volver a centrar la atención en la Reina.

## Tipos de control del orgasmo

El control del orgasmo también puede implicar prácticas adicionales como el edging, el peaking o el surfing. Aunque el orgasmo y la eyaculación se retrasan, acaban permitiéndose al final de cada uno de estos tipos de control del orgasmo. La negación del orgasmo prohíbe al hombre eyacular sin el permiso de la pareja femenina; sin embargo, en el control del orgasmo se lleva al hombre hasta el "borde", es decir, al borde del orgasmo, sólo para detener o ralentizar la estimulación antes de alcanzar el clímax.

No estás negando completamente el orgasmo, estás prolongando toda la experiencia. La excitación puede hacerse mediante la estimulación clitoriana y genital, el masaje prostático, el coito con mamada u otros actos sexuales diversos: lo que sea que haga que tu excitación se desborde. Excitalo una y otra vez hasta que por fin le permitas dejarse llevar. Será intensamente erótico para ambos miembros de la pareja y a menudo conduce a sentir un orgasmo mucho más intenso y de alto nivel.

Los hombres se convierten en mejores versiones de sí mismos cuando dejan de estar limitados por el sexo egoísta, masculino y patriarcal. Una vez que puede centrar su atención en complacerte a ti, la Reina, tiene un nuevo propósito cada día en la vida. Puede trabajar para tener éxito sirviéndote, y eso sólo servirá para hacerte más feliz y aumentar el éxito de tu matrimonio o Relación Liderada por Mujeres. Piensa en lo divertido que va a ser cuando cada sesión de sexo esté controlada y ambos exploréis el aumento de la excitación y vuestro disfrute sexual.

## Evita la masturbación

Evitar la masturbación y ver porno son los primeros pasos más sencillos, y por tanto quizá los más fáciles, en la castidad masculina y el control del orgasmo, así como la retención del semen. Un hombre bien entrenado en la castidad necesita aprender a evitar tanto los orgasmos como la eyaculación por masturbación, mientras tú administras más entrenamiento durante tus sesiones sexuales. Éste es uno de los pasos más importantes en la castidad masculina. La masturbación incontrolada sencillamente no está permitida y debe restringirse si los hombres quieren experimentar el verdadero poder de la castidad masculina. Los orgasmos e incluso el semen son sólo para la Reina y no deben malgastarse con sesiones aleatorias viendo porno en su ordenador.

No sólo masturbarse mientras está en el ordenador disminuye su tiempo de concentración en ti, sino que la mayoría de los hombres pueden volverse adictos, y con el tiempo pueden afectar a la sensibilidad de su pene a los métodos de excitación. Esto es similar a las mujeres adictas a sus vibradores. Muy pronto, ningún método humano puede satisfacer unos genitales sobreestimulados con métodos externos. Como sociedad occidental, hemos permitido que esto siga sin control, pero en la castidad masculina, la base es construir el autocontrol y someterse a las órdenes de la mujer.

## Método de extracción

El método de extracción se considera otra forma de control del orgasmo, en la que inmediatamente antes de que el hombre llegue al orgasmo, saca el pene de la vagina justo antes de eyacular. Esto se utilizaba tradicionalmente como método anticonceptivo, pero forma parte de la retención del semen y se considera control del orgasmo. Como verás más adelante en el método *Amor y Obediencia* de control del orgasmo, él saca el pene y luego te practica sexo oral hasta que llegas al orgasmo.

## Retención del semen

La retención del semen es otra forma de castidad masculina y de control del orgasmo. No sólo se puede negar el orgasmo, sino que también se puede evitar la eyaculación mediante la abstinencia sexual o practicando el coito sin eyaculación. La retención del semen no se refiere a la evitación del placer masculino. En esta práctica, el placer masculino se separa de la eyaculación, haciendo posible que el hombre disfrute plenamente del placer del coito sin experimentar la eyaculación seminal. La retención del semen es una práctica antigua que se cree que maximiza la energía física y espiritual masculina. Gran parte de su historia parece tener sus raíces en el taoísmo.

En todo el mundo, esta práctica existe en muchas culturas, con diferentes nombres. Los practicantes atribuyen a la conservación del semen cualidades de superpoder casi místicas, y los hombres que practican el control del orgasmo deliran sobre sus beneficios. Experimentan un notable aumento de valor y confianza en sí mismos. Más energía y concentración y mayor atractivo para las mujeres. Esto hace que contribuya a la castidad masculina, porque, de nuevo, la atención se centra en la Reina.

Algunos hombres afirman tener mayor claridad mental y conciencia. Y la motivación para realizar actividades que son buenas para los hombres, como ir al gimnasio, perder peso, aumentar la masa muscular y dormir mejor. También afirman estar más enraizados y tranquilos. Dicen que aumenta su deseo sexual, incluidas erecciones más duras, y que pierden cualquier disfunción eréctil que hubieran experimentado.

# CAPÍTULO 21

# ¿Por qué las mujeres aman la castidad?

¿Por qué aman las mujeres la Castidad? A las mujeres les encanta la castidad masculina porque no hay mayor señal de devoción que cuando un hombre cede el control de su poder más preciado. Cuando colocas una jaula en su pene, significas que esencialmente eres su dueña al 100%. La castidad masculina sólo puede funcionar cuando la relación es amorosa y fuerte, y por eso una Relación Liderada por Mujeres proporciona la base perfecta. Tu Reina tiene el control total sobre tu orgasmo y, cuando se combina con las burlas y la construcción prolongada de sensaciones, crea una sensación de sintonía entre tú y tu Reina.

La anticipación induce una experiencia intensificada para ti con la liberación tras una acumulación prolongada y se convierte en una liberación energética y una sensación completa de poder para tu Reina. Una mujer tiene por fin la oportunidad de tener el control total y contar con un hombre que la sirva obedientemente. Esto es un regalo, porque sólo nos convertimos en mejores versiones de nosotros mismos cuando tenemos el apoyo que necesitamos para crecer y evolucionar. Tu hombre en posición de apoyo ofrece a su Reina el apoyo que necesita para hacer lo que mejor sabe hacer: dirigir la relación.

La idea de que ahora puedas dar un paso más y controlar el pene de tu hombre es sólo un extra, pero representa un paso muy poderoso.

Lo primero que ocurre es que cada día que está en castidad aumenta el enfoque sexual, y puede hacer que este proceso sea extremadamente excitante. Cuando la Reina está excitada y deseosa de servir, es probable que esto lleve la intimidad y la conexión a un nivel completamente nuevo.

Cuando un hombre renuncia a su "derecho" a eyacular sin el permiso de su mujer y ella le permite mantener relaciones sexuales con él, ambos se alejan de una vieja concepción patriarcal del sexo realizado para el placer del hombre. Una vez que tu hombre acepta la castidad masculina, está aceptando un nuevo papel sexual. Un papel en el que la mujer tiene el control y el hombre se somete y puede relajarse porque ya no tiene que fingir que está al mando.

A medida que evoluciona tu Relación Guiada por la Mujer, la eyaculación en sí puede separarse de la sexualidad de la pareja, cada vez más centrada en la mujer. La "necesidad" de eyacular de un hombre está muy sobrevalorada, y una esposa inteligente puede a menudo entrenar a su marido para que se corra a la orden, una vez a la semana o al mes, bajo su supervisión. El resto del tiempo, si ella desea su atención oral y ella disfruta con la penetración, su pene duro pero obediente es todo lo que hace falta para que se convierta en tu obediente esclavo sexual. Una vez que el hombre reconoce esto, ya no está a cargo de la sexualidad en tu Relación Liderada por Mujeres.

Una vez que el hombre se da cuenta de que ya ni siquiera está a cargo de sus eyaculaciones, puede sentirse confuso sobre su papel, pero créeme, también se sentirá aliviado de la ansiedad por el rendimiento. La castidad masculina también le ayudará a retener el semen y a aumentar sus niveles de testosterona y energía sexual. Su rendimiento mejorará, y es más que probable que esté muy duro y más que deseoso de actuar para su mujer cuando ella quiera follárselo. Todo esto ayuda a crear el papel principal de la mujer, ya que el hombre se convierte en el objeto de su atención y entra en la subzona en la que ya no está obligado a iniciar el sexo. En su nuevo papel, se centrará en la mejor forma de complacer a su mujer sin pensar en su propio placer, porque será consciente de que no puede llegar al orgasmo mientras complace a su mujer, excepto en las raras ocasiones en que ella le permite su capricho especial.

Aunque al principio los hombres pueden encontrar esto frustrante, la mayoría de ellos son criaturas sencillas y pronto aceptarán el control total de su esposa sobre su vida sexual. Mejor aún, porque la esposa ahora dominante sólo tiene sexo cuando quiere y como quiere. Como resultado, la pareja tenderá a estar mucho más satisfecha sexualmente. El hombre aprenderá rápidamente que ahora tiene el papel de servir a los deseos de su mujer, no a los suyos propios.

Los hombres, por término medio, tardan cuatro minutos desde el punto de penetración hasta la eyaculación. Las mujeres suelen tardar entre diez y once minutos en alcanzar el orgasmo. Esto significa que existe una necesidad real de que los hombres vayan más despacio y de que las mujeres controlen su capacidad de llegar al orgasmo en favor de que los hombres se centren en su placer. Los hombres y las mujeres recorren caminos ligeramente distintos para llegar al deseo sexual. Esther Perel, psicoterapeuta de Nueva York, dice: "En mi consulta oigo decir a las mujeres que el deseo se origina mucho más entre las orejas que entre las piernas". Las mujeres necesitan una trama, de ahí la novela romántica. Se trata más bien de la anticipación y el anhelo, que son el combustible del deseo.

El deseo de las mujeres "es más contextual, más subjetivo, más estratificado en un entramado de emociones", añade Perel. Perel también afirma que los hombres, por el contrario, no necesitan tener tanta imaginación, ya que para ellos el sexo es más sencillo y directo. Eso no significa que los hombres no busquen intimidad, amor y conexión en una relación, como hacen las mujeres. Simplemente ven el papel del sexo de forma diferente. "Las mujeres quieren hablar primero, conectar primero, y luego tener sexo", explica Perel. "Para los hombres, el sexo es la conexión. El sexo es el lenguaje que utilizan los hombres para expresar su lado vulnerable, tierno y cariñoso", dice Perel. "Es su lenguaje de la intimidad".

La castidad masculina permite a las mujeres controlar la narrativa y los preliminares del sexo. Al controlar la capacidad de su hombre para llegar al orgasmo y mantener el centro de atención en ellas, pueden crear múltiples formas de participar en el romance, los juegos preliminares y el sexo. Esto permite a la mujer adaptar el sexo a sus necesidades, lo que lo hace más excitante para ambos. Si la Reina está excitada, su hombre estará igual o más motivado.

Con el liderazgo femenino en una relación, los beneficios no se detienen en la puerta del dormitorio. Un hombre que se somete sexualmente a su mujer descubrirá que su sexualidad y su sentido de la masculinidad se transforman. Estará más tranquilo y en paz consigo mismo. No tendrá que cargar con el papel de la sociedad de altas expectativas sexuales masculinas. Simplemente tendrá que hacer lo que le digan, y tanto él como su mujer serán más felices de lo que jamás hubieran imaginado posible. La castidad masculina hará que los hombres sean mejores amantes. Una vez que el hombre llega al orgasmo, el sexo suele haber terminado. Si la mujer no permite ni retrasa el orgasmo del hombre, básicamente lo entrena para que se concentre en su placer durante más tiempo.

Tú, la Reina, puedes pasar más tiempo disfrutando de orgasmos múltiples.

Uno de los beneficios más deseables de la castidad masculina se produce poco después de cerrar el candado por primera vez. Una vez que tu hombre tenga su primera erección restringida después de estar encerrado, la tensión sexual y la frustración aumentarán, y tu sumiso tendrá un poderoso deseo de canalizarlas de alguna manera. Naturalmente, sus pensamientos se dirigirán hacia su Llavero. Esta creciente frustración sexual irá en aumento, y el sub-masculino encontrará a su Portador de Llaves más que irresistible. Como Poseedor de la Llave, empezarás a recibir cumplidos más frecuentes, más afecto y amor, y tu sub-varón se volverá más romántico. Y tendrá mucha más gratitud cuando interactúes con él de cualquier forma, especialmente sexualmente, aunque sólo sea para tu placer, como el sexo oral para ti. ¡La castidad masculina crea rápidamente la pareja de tus sueños!

Otro beneficio notable es el aumento del apetito sexual de la pareja, que se produce de forma natural como consecuencia de la mayor intimidad. A medida que la frustración y la tensión masculinas reprimidas sigan aumentando, su comportamiento se orientará más a hacerte feliz. Pronto los sentimientos positivos de ambos hacia el otro empezarán a desbordarse, y el deseo sexual y la libido os consumirán a los dos. Tu hombre querrá darte placer a ti, la Poseedora de la Llave, ya que te ha propulsado al puesto número uno en su mente.

En lugar de centrarse en su propio orgasmo y masturbación, se centra en todo lo que debe hacer para complacer a su Reina. Esto es lo que toda mujer desea. Es el sueño. Cuanto más tiempo esté encerrado tu hombre, más moldearás su comportamiento y mejor se volverá para servirte. Cuando exijas sexo oral para satisfacer primero tus necesidades, más práctica adquirirá y mejor será. De repente, el dormitorio será mucho más excitante y satisfactorio.

Piensa en ello como una garantía sexual femenina que ayuda a asegurar tu completa satisfacción sexual. Muchos hombres experimentan eyaculación precoz, y la castidad masculina y el control del orgasmo pueden entrenarles para controlar su liberación. La Clínica para Hombres de la UCLA afirma que la eyaculación retardada es la incapacidad de un hombre para alcanzar el clímax en un tiempo razonable. Algunos hombres no pueden alcanzar la eyaculación mediante la penetración vaginal y deben recurrir a actos sexuales alternativos para llegar al clímax. Algunos hombres perderán la erección antes de alcanzar el clímax y quedarán frustrados. Algunos hombres alcanzan el orgasmo pero no pueden terminar y se sienten muy incómodos.

La eyaculación retardada es un acontecimiento neurológico, hormonal y psicológico. Si un hombre ha sufrido daños en los nervios de la pelvis o una lesión medular por debajo del nivel espinal torácico inferior, puede sufrir incapacidad para eyacular. Le falta la conexión nerviosa entre los nervios eyaculadores de la punta del pene y la médula espinal. Más comúnmente, puede tener un desequilibrio hormonal de serotonina, prolactina o testosterona. Los hombres que toman antidepresivos, cuyos niveles de serotonina se ven alterados por las pastillas, sufren con frecuencia retraso o pérdida de la eyaculación. Los hombres con testosterona baja también pueden tener dificultades para eyacular.

Si los hombres padecen alguna de estas afecciones, la castidad puede desviar su atención del acto sexual para complacer a su Reina o excitarse de otras formas. Muchos hombres han declarado sentirse muy excitados y satisfechos con sólo pensar en estar bajo el control de la Reina. En lugar de estresar más al hombre, la castidad masculina le permite relajarse y seguir disfrutando de la excitación sexual y otras formas de placer.

Por último, la masturbación puede ser un gran reto para las mujeres. Muchas mujeres están descontentas con el tiempo que sus hombres dedican a masturbarse. Los hombres quieren sexo más a menudo que las mujeres al principio de una relación, en medio de ella y después de muchos años. Los hombres también dicen querer más parejas sexuales a lo largo de su vida y están más interesados en el sexo ocasional. Los hombres son más propensos a buscar sexo aunque esté mal visto o incluso prohibido. Alrededor de dos tercios dicen que se masturban, aunque cerca de la mitad también dicen sentirse culpables por ello. En cambio, alrededor del 40% de las mujeres dicen que se masturban, y la frecuencia de la masturbación es menor entre las mujeres.

La finalidad principal de la sexualidad es la unión entre dos personas que, por lo general, sienten cierto amor y atracción mutuos. La finalidad de la sexualidad se abandona en la masturbación porque el centro del acto sexual pasa a ser "yo" en lugar de "nosotros", y la persona se entrena para buscar en sí misma la satisfacción sexual. Se hace un mal uso del don de la sexualidad en aras de un placer sin vida. Cuando las personas hacen un mal uso de su sexualidad de este modo, pueden empezar a utilizar el placer para cambiar su estado de ánimo, liberar tensiones u olvidar su soledad.

La masturbación se convierte en una vía de escape. Puede apaciguarles, pero nunca les satisfará. Utilizan las fantasías de su mente y los placeres de su cuerpo para huir de la realidad y de la llamada al amor. Su objetivo en la actividad sexual se ha reducido a recibir placer en lugar de mostrar amor. A las mujeres les gusta la castidad como método para controlar a sus hombres que se masturban. La castidad permite a la Reina controlar a su hombre y el tiempo que pasa masturbándose. En la castidad masculina, la energía sexual del hombre debe reservarse y centrarse en su mujer.

# CAPÍTULO 22

# ¿Por qué los hombres aman la castidad?

¿**P**or qué los hombres adoran la castidad masculina? ¿Por qué le gusta tener el pene encerrado y practicar la castidad masculina? Puede que la respuesta no sea evidente al principio. La mayoría de la gente nueva en las Relaciones Lideradas por Mujeres o en la dominación y la sumisión puede no comprender el funcionamiento interno de la castidad y encontrar esta práctica abusiva, bárbara y francamente inhumana. Pero al igual que todas las demás prácticas que implican autocontrol y abstenerse de hacer cosas, la castidad masculina puede conducir a unos resultados muy impresionantes y transformadores. Como has visto, a nivel fisiológico se producen muchos cambios.

Si alguna vez has tenido que ponerte a dieta o dejar de beber alcohol, las primeras semanas fueron un infierno, pero ¿qué ocurrió a largo plazo? En cuanto a la comida, perdías peso y te sentías mejor, y en cuanto al alcohol, te sentías más despejado y sano. La castidad masculina es similar. En muchas culturas, hemos visto que la indulgencia constante en la masturbación y la eyaculación conduce al agotamiento de la fuerza vital. Es similar al ayuno. Muchas culturas creen en un periodo de abstinencia de la indulgencia como medio de fortalecer el cuerpo.

También hemos visto cómo la castidad masculina llevada a cabo en una relación amorosa es transformadora para los hombres que más tarde admiten haberse obsesionado. Físicamente, el hombre se siente mejor porque su cuerpo es más fuerte y enérgico, y desarrolla fuerza de voluntad y aún más deseo por su mujer. Puede centrar toda su atención en su Reina, que es realmente lo que quería desde el principio.

Lo que les ocurre a hombres y mujeres en la castidad masculina es similar a lo que ocurre durante las citas El hombre se fija en la mujer y desea sexo con ella, pero cuanto más larga es la fijación, mayor es el deseo. Cuando salíais, piensa en cuántas veces consultaste el teléfono, sentiste la emoción de ver a tu hombre y viviste pequeños momentos como el primer beso, cogerte de la mano y la anticipación del sexo. Además, se centraba al 100% en ti y en tus necesidades. Estos son sólo algunos ejemplos que hacen que las citas sean tan emocionantes.

Una vez que llevas años en un matrimonio o en una relación, no hay búsqueda y menos deseo, y al final, ambos os tratáis como a un zapato viejo. Te encanta tu zapato viejo, e incluso te enfadarías si no pudieras encontrarlo o desapareciera de algún modo, pero ha perdido su atractivo de novedad. La anticipación, la espera y el deseo de sexo y unión son exactamente lo que ocurre en la castidad masculina cuando la Reina dicta cuándo debe llegar al orgasmo. La castidad masculina hace que las cosas vuelvan a ser nuevas porque la mujer controla ahora el centro de poder del hombre.

Uno de los aspectos fundamentales de la interacción social es que algunos individuos tienen más influencia que otros. El Poder Social puede definirse como la capacidad de una persona para crear conformidad incluso cuando las personas influidas pueden intentar resistirse a esos cambios. Los jefes tienen poder sobre sus trabajadores, los padres tienen poder sobre sus hijos y, de forma más general, podemos decir que los que tienen autoridad tienen poder sobre sus subordinados. En resumen, el poder se refiere al proceso de influencia social en sí mismo: los que tienen poder son los más capaces de influir en los demás.

Lo mismo ocurre cuando una mujer tiene poder sobre su hombre en una relación o matrimonio. Los hombres desean una figura femenina fuerte en sus vidas, así que la idea de ceder el control y permitir que sus centros de poder sean controlados por una mujer es muy excitante. Una vez que la Reina entra en su papel de gobernante y líder definitiva, el hombre adoptará naturalmente su posición de apoyo. ¿Alguna vez has necesitado que un hombre haga él solo la lista de la compra y luego vaya a buscarla? Lo odia. No le interesa una posición de liderazgo en el hogar. Determina lo que debe comprar, dale una lista y él irá encantado a hacerlo. Éste es el papel de apoyo que los hombres preferirían tener.

La castidad masculina lleva el papel de sumiso solidario a un nivel completamente nuevo. De repente, los hombres ven a sus Reinas bajo una luz muy diferente, y por eso se excitan instantáneamente cuando ella pone toda su atención en él y le encierra la polla y le guarda la llave. Es un símbolo de control definitivo. Los hombres también sienten más testosterona, se vuelven más fuertes, más vigorizados y excitados. Su atención se centrará naturalmente en su Reina, y llevar la jaula le recuerda a quién debe lealtad.

En libros anteriores, he tratado la idea de que los hombres siempre necesitan y responden a un líder. Sin un liderazgo adecuado, se sienten caóticos, sin dirección ni propósito. En el estudio "Sex-Role Obedience to Authority", de Geffner y Gross, se investigó la obediencia de sujetos masculinos y femeninos a experimentadores masculinos y femeninos. Las cuatro variables independientes factoriales principales fueron el sexo del experimentador, el sexo del sujeto y dos condiciones de presencia o ausencia de una explicación uniforme. Los resultados revelaron que había más obediencia con uniforme y más desobediencia por parte de las mujeres, lo que sugiere que los hombres son más propensos a obedecer a una figura de autoridad.

Los hombres necesitan un propósito y una meta, por lo que la castidad masculina les ayuda a centrar ese propósito donde debería estar en todas las relaciones: en la Reina. Piénsalo: ¿eres más feliz en una relación buena, satisfactoria y profunda o en una mala relación con discusiones y luchas de poder diarias? Con la castidad masculina, no hay discusiones, y los hombres pueden hacer lo que mejor saben hacer: ser caballeros comprensivos. Esto va a la base del estilo de vida dirigido por mujeres, que es por lo que las Relaciones Dirigidas por Mujeres tienen tanto éxito. A los hombres les encanta la castidad masculina porque cada día es nuevo e impredecible, y su Reina se centra en el sexo cada día. Cuando controlas su pene, tienes el control definitivo sobre todos los demás aspectos de su vida. Cuando lleve una jaula para el pene, estará pensando en ti todo el día.

Volviendo a la investigación sobre los hombres y la autoridad, los hombres responden mucho mejor cuando hay una figura de autoridad firme en sus vidas. Cuando son más jóvenes, esta persona es su madre, y quizá su padre. Para al menos el 50% de los hombres, con un divorcio del 50%, los hombres viven y responden ante una figura femenina, y se cree que ansían esto en una compañera. La Reina sustituye a la madre como figura de autoridad, y por eso se demandan las Relaciones Lideradas por Mujeres. Es una situación en la que tanto tú como tu hombre salís ganando, porque él responderá a tus instrucciones y tú podrás estar al mando.

# CAPÍTULO 23

# Beneficios de que los hombres se ocupen del hogar

H oy en día hay más hombres deseosos de pasar más tiempo en casa y ocuparse de las tareas domésticas. Mira cualquier parque infantil durante el día y verás a más hombres con sus hijos, así como de compras, cenando en restaurantes e incluso yéndose de vacaciones solos. Las mujeres dedican más tiempo a su carrera profesional y los hombres están encantados de ocuparse de las tareas domésticas. Los hombres que se ocupan del hogar tienen numerosas ventajas.

## Relaciones más sólidas con la Reina

Dado que normalmente se considera a las madres como las cuidadoras de la familia, puede ser especialmente fortalecedor para los varones asumir este papel. Tener éxito en varios tipos de funciones puede conducir a un mayor aprecio por las contribuciones de la Reina y a una mayor valoración de todo lo que hay que hacer a diario para que un hogar funcione correctamente. Cuando los hombres comprenden los retos de lo que antes se consideraba "trabajo de mujeres", muestran más empatía y sólo esta comprensión puede beneficiar a una pareja.

El programa número uno en 2022 en Netflix se llamaba *Virgin River*. Se trataba de un programa extraordinario por la forma en que todos los hombres aparecían retratados como comprensivos, serviciales y en contacto con sus emociones. Todos eran capaces de ocuparse de la casa, pero parecían más empáticos con sus esposas y novias. Esto señala un verdadero cambio de paradigma en la sociedad para crear un programa que refleje lo que está ocurriendo en nuestra sociedad. El futuro es que las mujeres se concentren en sus carreras y que los hombres, fuertes y capaces pero comprensivos, se ocupen de las tareas domésticas.

## Relaciones más sólidas con los niños

Cuando los hombres están más presentes en el hogar, se implican más en la crianza de sus hijos, por lo que forjan relaciones más sólidas con ellos. Esto no sólo es beneficioso para la sociedad en su conjunto, sino también para las familias. Los estudios demuestran que los niños mantenían relaciones positivas tanto con la madre como con el padre cuando éste se quedaba en casa cuidando a los hijos mientras la madre se centraba en su carrera profesional. Se descubrió que las madres estaban más conectadas con sus parejas, ya que tenían un entendimiento mutuo sobre las presiones de los hijos y el trabajo. La empatía que siente tu Reina cuando comprendes tu papel y lo difícil que es ocuparse de todas las tareas domésticas profundiza vuestro vínculo, porque ambos estáis implicados. La Reina pone las reglas, y tú las llevas a cabo y te aseguras de que todo funcione sin problemas.

A diferencia del pasado, los hombres salían del trabajo y se dirigían al bar o restaurante más cercano. Salían con los amigos y dejaban todas las tareas domésticas y el cuidado de los niños a las mujeres. Cuando se agotaban y estresaban, los hombres se enfadaban cuando las mujeres no tenían ganas de sexo o de conectar, lo que llevaba a la ruptura del matrimonio o de la relación. La Relación Dirigida por la Mujer cambia esta dinámica para que la relación tenga éxito. Cuando la Reina confía las tareas domésticas a su capaz caballero de apoyo, está menos estresada, con menos sobrecarga de trabajo y mucho más feliz, lo que la deja de buen humor para excitarse con más sexo. Es una situación en la que ambos salís ganando.

## Redefinir las normas sociales

La redefinición de las expectativas y normas sociales hace que los padres sean percibidos como socios en la crianza, en lugar de meros espectadores a los que sólo se recurre en caso de emergencia. El dinero, el éxito profesional y los logros personales son elementos centrales de cómo juzgamos la hombría de un hombre y, más o menos, su valía. La mayoría de los hombres que se quedan en casa y se ocupan del hogar afirman sentirse inferiores o menospreciados por sus amigos varones que comparan salarios, ventajas laborales y ascensos. Esto se debe en gran medida a las normas socialmente aceptadas y al condicionamiento patriarcal. Incluso cuando el hecho de que el padre se quede en casa es una opción abrumadoramente positiva para todos los implicados en la familia, la investigación revela que la decisión sigue provocando tensiones y discriminación social. La sociedad, especialmente en Europa, está normalizando lentamente el concepto de que uno de los progenitores se quede en casa.

Los padres que se quedan en casa pueden ayudar a modificar positivamente las percepciones de la masculinidad, el cuidado de los hijos y la paternidad. El papel del padre se fortalece en una Relación Dirigida por Mujeres porque se vincula más con los hijos y tiene un papel central en sus vidas. En el pasado, los padres estaban en su mayoría ausentes, y la ruptura comienza cuando las mujeres se sienten desatendidas.

La Reina se siente ignorada y los hombres empiezan a sentirse alienados, lo que significa que buscan intimidad en otra parte. Las relaciones dirigidas por mujeres dan completamente un giro de 180 grados respecto a lo que son normas socialmente aceptadas. Ahora, el lugar de la mujer en la cocina es sustituido por el hombre, que se encarga de las tareas domésticas. Cuando el bebé llora, los hombres asumen la responsabilidad de ocuparse de él y hay menos interés en mantener el statu quo establecido por el condicionamiento patriarcal hace décadas. Que las mujeres se centren en su carrera y los hombres se ocupen del hogar es normal y aceptable.

## Resultados positivos para los niños

Aunque no hay muchas investigaciones específicas sobre los padres que se quedan en casa, la Academia Americana de Pediatría afirma que los padres implicados tienen un impacto positivo y duradero en la salud y el bienestar de sus hijos. Hoy en día, hay más padres que se quedan en casa que nunca. Las estimaciones varían, pero las cifras han ido en aumento durante décadas.

Algunos informes recientes dicen que hay unos 7 millones de hombres en Estados Unidos. Estados que actúan como cuidadores principales de sus hijos, de los cuales entre 24 millones son padres que se quedan en casa. Cuando los papás se implican más en los platos, la colada, la limpieza y otras tareas domésticas, inspiran a sus hijas a soñar más en grande y a tener objetivos profesionales más ambiciosos. Esto también se traduce en una conexión más profunda con la Reina, que se sentirá más feliz y contenta al ver el impacto en los niños, sobre todo en las niñas.

Las investigaciones demuestran que los niños con padres que se quedan en casa obtienen de media hasta seis puntos más que los que tienen a ambos progenitores trabajando fuera de casa. Los beneficios también incluyen el bienestar emocional. ¿Qué ocurre cuando los padres están ausentes? Los niños que crecen con padres ausentes pueden sufrir daños duraderos. Tienen más probabilidades de acabar en la pobreza o abandonar la escuela, hacerse adictos a las drogas, tener un hijo fuera del matrimonio o acabar en la cárcel.

¿Cómo afecta a un niño un padre ausente? Los niños sin padre tienen más dificultades de adaptación social, son más propensos a declarar problemas con las amistades y manifiestan problemas de conducta. Muchos desarrollan una personalidad fanfarrona e intimidatoria en un intento de disimular sus miedos, resentimientos, ansiedades e infelicidad subyacentes.

¿Cuáles son los signos de un padre ausente? Se muestran desdeñosos o agobiados cuando el niño tiene una necesidad emocional. No se interesan por los intereses, los grupos de amigos o las tareas escolares del niño. Tienen dificultades para expresar sus sentimientos, incluso con los adultos. Son incapaces o no están dispuestos a proporcionar consuelo durante la angustia emocional.

¿Por qué es importante un padre para una hija? Una relación padre-hija positiva puede tener un gran impacto en la vida de una niña e incluso determinar si se convierte o no en una mujer fuerte y segura de sí misma. La influencia de un padre en la vida de su hija moldea su autoestima, su imagen de sí misma, su confianza y sus opiniones sobre los hombres. La implicación de un padre en la vida de su hija es un ingrediente crucial en el desarrollo de la autoestima de una joven. El estímulo verbal, la presencia constante en su vida, la atención y sensibilidad a sus sentimientos, el tiempo dedicado a escuchar sus pensamientos y el interés activo por sus aficiones son influencias positivas de una figura paterna. La implicación y el estímulo directos de su padre ayudarán a disminuir la inseguridad de la niña y a aumentar su confianza en sus propias capacidades.

Hasta el 25% de los niños de EE.UU. viven en hogares con una madre sola. Esto supone más de 18 millones de niños que no viven con una figura paterna. Además, los hogares formados sólo por el padre sólo alcanzan el 8%.

Los investigadores han descubierto que la ausencia de padres tiene efectos desastrosos, entre los que se incluyen los siguientes:

- **Autoconcepto disminuido y seguridad física y emocional comprometida:** Los niños afirman sistemáticamente que se sienten abandonados cuando sus padres no participan en sus vidas, que luchan con sus emociones y que sufren episodios de autodesprecio.

- **Problemas de comportamiento:** Los niños sin padre tienen más dificultades de adaptación social, manifiestan problemas de conducta y es más probable que informen de problemas con las amistades. Muchos desarrollan una personalidad fanfarrona e intimidatoria en un intento de disimular sus miedos, resentimientos, ansiedades e infelicidad subyacentes.

- **Absentismo escolar y bajo rendimiento académico:** el 71% de los que abandonan la escuela secundaria son huérfanos de padre. Los niños sin padre tienen más problemas académicos, sacando malas notas en los exámenes de lectura, matemáticas y habilidades de pensamiento. Además, los niños de hogares sin padre tienen más probabilidades de faltar a clase, más probabilidades de ser excluidos de la escuela, más probabilidades de abandonar los estudios a los 16 años y menos probabilidades de obtener cualificaciones académicas y profesionales en la edad adulta.

- **Delincuencia y delincuencia juvenil, incluidos los delitos violentos:** 85 Porcentaje de los jóvenes encarcelados tienen un padre ausente; los niños sin padre tienen más probabilidades de delinquir e ir a la cárcel de adultos.

- **Promiscuidad y embarazo adolescente:** Los niños sin padre tienen más probabilidades de experimentar problemas de salud sexual, incluida una mayor probabilidad de tener relaciones sexuales antes de los 16 años, de renunciar a los anticonceptivos durante la primera relación sexual, de convertirse en padres adolescentes y de contraer una infección de transmisión sexual. Muchas niñas manifiestan un hambre de objeto por los varones, y al experimentar la pérdida emocional de sus padres egocéntricamente como un rechazo hacia ellos, pueden volverse susceptibles de ser explotadas por hombres adultos.

- **Abuso de drogas y alcohol:** Los niños sin padre tienen más probabilidades de fumar, beber alcohol y abusar de las drogas en la infancia y la edad adulta.

- **Ausencia del padre:** el 90% de los niños fugados tienen un padre ausente.

- **Explotación y maltrato:** Los niños sin padre corren un mayor riesgo de sufrir abusos físicos, emocionales y sexuales, siendo cinco veces más propensos a haber sufrido abusos físicos y maltrato emocional, con un riesgo cien veces mayor de sufrir abusos mortales. Un estudio reciente informó de que los niños en edad preescolar que no viven con sus dos padres biológicos tienen 40 veces más probabilidades de sufrir abusos sexuales.

- **Problemas de salud física:** Los niños sin padre declaran muchos más síntomas y enfermedades psicosomáticas, como dolor agudo y crónico, asma, dolores de cabeza y de estómago.

- **Trastornos de salud mental:** Los niños ausentes del padre están sistemáticamente sobrerrepresentados en una amplia gama de problemas de salud mental, en particular ansiedad, depresión y suicidio.

- **Oportunidades vitales:** Cuando son adultos, los niños sin padre tienen más probabilidades de sufrir desempleo, tener bajos ingresos, permanecer en la asistencia social y experimentar la falta de vivienda.

- **Relaciones futuras:** Los niños con padres ausentes tienden a formar pareja antes, tienen más probabilidades de divorciarse o disolver sus uniones de hecho, y más probabilidades de tener hijos fuera del matrimonio o fuera de cualquier pareja.

## CAPÍTULO 24

# Tipos de parejas y relaciones dirigidas por mujeres

D iversas parejas forman distintos tipos de Relaciones Lideradas por Mujeres. Algunas tendrán más éxito a largo plazo que otras. Los cuatro tipos de parejas en las citas y las relaciones son la pareja dramática, la pareja conflictiva, la pareja socialmente implicada y la pareja centrada en la pareja. Lo que ocurre en la interacción diaria de cada una de ellas puede afectar a sus posibilidades de éxito en una relación a largo plazo. ¿Dónde encaja la relación dirigida por mujeres?

## Parejas dramáticas

Las parejas dramáticas eran más propensas a cambiar su nivel de compromiso espontáneamente. Su compromiso cambia con los acontecimientos positivos y negativos que ocurren en la relación. Como resultado, toman decisiones en función de los acontecimientos que ocurren y de cómo se sienten, por lo que la relación o el matrimonio pueden estar llenos de drama y mucha inestabilidad. Este tipo de parejas pueden experimentar dificultades para establecer la dinámica adecuada de la Relación Liderada por la Mujer, porque hay inestabilidad en la dinámica de poder. Es posible que el hombre no se conforme plenamente con servir, y si la mujer es demasiado dramática, puede que no sea capaz de ejercer adecuadamente su influencia sobre el hombre y entrar en su poder como Reina. Esto no significa que la FLR sea imposible, sólo significa que habrá muchos retos y conflictos que superar.

## Conflicto

El compromiso en las parejas conflictivas también varía mucho; sin embargo, la diferencia es que estas parejas tendrán discusiones y desacuerdos. Pero también es más probable que tengan relaciones sexuales de reconciliación, lo que las vuelve a unir. De nuevo, hay bastante inestabilidad en este tipo de relación. Las relaciones dirigidas por mujeres no se llevan bien con muchos conflictos. Ya existe la suposición de que el hombre tiene que seguir las directrices de su Reina, pero si hay conflicto, los desacuerdos dificultan mucho el éxito de una FLR. Este tipo de relación puede seguir teniendo elementos de FLR en los que la mujer siga queriendo estar al mando, pero disfrutar de una Relación Dirigida por la Mujer estable y que funcione será más difícil si hay conflictos constantes.

## Socialmente implicado

Las parejas socialmente implicadas son las que vemos en las comedias románticas y están influidas por una red de buenos amigos, familiares y compañeros de trabajo. Por eso, aunque pueden superar los problemas confiando en la ayuda y el consejo de su red, las cosas pueden volverse variables, así como lidiar con las presiones de mantener contenta a la red. Las Relaciones Lideradas por Mujeres pueden prosperar con este tipo de parejas siempre que se deje clara la decisión de mantener en privado los detalles de la relación entre la pareja.

Que los amigos y la familia interfieran en una relación es un problema, porque sus opiniones y creencias pueden ser distintas de las tuyas y afectar a tu deseo de explorar la vida dirigida por mujeres a tu manera. Las parejas suelen verse afectadas por los puntos de vista de la familia y los amigos, y lo que es peor, si mantienen una Relación Liderada por Mujeres, que va en contra de las normas sociales. Siempre que las parejas tomen la decisión de honrar la relación principal por encima de todas las demás, una Relación Liderada por Mujeres o un matrimonio liderado por mujeres puede tener éxito a largo plazo.

## Centrado en el socio

Las parejas centradas en la pareja son aquellas que están muy implicadas entre sí y dependen la una de la otra. Son mucho más conscientes y capaces de gestionar lo que ocurre en la relación gracias a un vínculo y una conexión profundos entre los miembros de la pareja. Utilizan lo que ocurre en su relación para llevar su compromiso a niveles más profundos. Este tipo de parejas suelen tener más posibilidades de ser felices juntas a largo plazo.

Las Relaciones Lideradas por Mujeres tienen éxito porque se basan en el último tipo: centradas en la pareja. Como la Reina está centrada en su sumiso y su sumiso comprensivo está centrado en ella, hay un enfoque global en la relación. Es más fácil solucionar los problemas desde el principio y las parejas centradas en la pareja, como en las Relaciones Lideradas por Mujeres, tienden a maniobrar a través de periodos difíciles y acontecimientos negativos. Ésta es una razón importante por la que las Relaciones Lideradas por Mujeres tienen éxito y tienden a ser duraderas.

# CAPÍTULO 25

# ¿Qué es la no monogamia consentida?

La no monogamia consentida (NCM) implica a parejas casadas o que mantienen relaciones duraderas, pero que pretenden tener encuentros sexuales externos con el permiso y el acuerdo de su pareja principal. Por tanto, tú y tu Reina estáis casados, pero decidís explorar sobre todo los encuentros casuales con otras personas. La no monogamia consentida abarca el intercambio de parejas, el poliamor, el cornudo, el hotwifing u otros tipos de relaciones abiertas. Y aunque la no monogamia consentida se ha convertido en un tema candente, con ejemplos que aparecen por todas partes en los medios de comunicación, la política y los famosos, la práctica de que una pareja permanezca unida pero busque un acoplamiento físico, romántico o emocional externo no es nada nuevo.

El 4% de los estadounidenses, es decir, casi 16 millones de personas, practican un estilo de relación no monógama. Otros estudios muestran que más del 21% de los estadounidenses practicaron la no-monogamia consentida en algún momento de su vida. Estudios recientes también han revelado que cerca de un tercio de los adultos estadounidenses creen que su relación ideal es no monógama en algún grado.

Admitámoslo, todos tenemos fantasías sexuales, y a veces queremos llevarlas a cabo, incluso cuando esos enamoramientos y fantasías no tienen que ver con nuestra pareja o cónyuge. La mayoría de las veces, ignoramos nuestras fantasías, que pueden quedar insatisfechas. Para muchos, el engaño es la única opción. Sin embargo, ahora la no monogamia consensuada parece una opción mejor porque hay más honestidad y franqueza, y en muchos casos, las relaciones a largo plazo y los matrimonios permanecen intactos. Quienes practican la no monogamia consentida acuerdan de antemano las normas de su relación, y se permiten mutuamente mantener relaciones románticas y sexuales con otras personas.

Así pues, la CNM difiere de la monogamia en que existe un acuerdo firme y una aceptación abierta de tener alguna forma de relación extra romántica o sexual. La exitosa serie de Netflix *House of Cards* mostraba un ejemplo muy sólido de CNM. Al personaje de la Primera Dama, Claire, se le permitió mantener relaciones sexuales con un hombre más joven, con el firme acuerdo de su marido, Frank, que era el Presidente.

Ambas personas aceptaron los encuentros sexuales.

En cuanto a la personalidad, las personas que parecen participar en CNM tienden a tener una imaginación activa, preferencia por la variedad y propensión a participar en nuevas experiencias. Tienen actitudes más positivas hacia la no monogamia y una mayor disposición a participar en este tipo de relaciones abiertas. ¿Atrae la CNM a las personas que intentan evitar el compromiso? Los estudios descubrieron que las personas muy evasivas mostraban actitudes más positivas hacia la MNC y estaban más dispuestas a participar en este tipo de relaciones.

Aunque las personas evitativas se sienten positivas respecto a las relaciones CNM, ¿es más probable que estén en relaciones CNM que en relaciones monógamas? En otro estudio, las personas con relaciones CNM declararon niveles más bajos de evitación que las personas con relaciones monógamas. Curiosamente, la ansiedad no difería entre las personas que mantenían relaciones CNM y las monógamas, y las personas muy ansiosas tenían actitudes más negativas hacia las CNM; sin embargo, la ansiedad no estaba relacionada con el deseo de mantener este tipo de relaciones.

La no monogamia está creciendo. Las personas que mantienen relaciones no monógamas consensuadas declaran niveles relativamente altos de confianza, honestidad, intimidad y satisfacción, así como niveles relativamente bajos de celos en sus relaciones. La monogamia ética surgió del deseo de que la no monogamia dejara de asociarse a las connotaciones negativas asociadas a la infidelidad y el engaño. Will Smith y Jada Pinkett son una de las cientos de parejas de famosos que hablaron públicamente de su matrimonio no monógamo consentido, y hoy en día siguen felizmente casados. Otros famosos que admitieron disfrutar de este estilo de vida son Gwyneth Paltrow, Jessica Biel y Thomas Middleditch.

En las Relaciones Lideradas por Mujeres, la decisión de buscar la no monogamia consentida depende totalmente de ti y de tu Reina. No es obligatoria. Muchas parejas FLR son perfectamente felices con la monogamia, en la que tú, el caballero solidario o su sumisa, dedicas tu vida a servir a una Reina y ella se dedica a ti. No hay presión para explorar la CNM si es algo que no será beneficioso para vuestras vidas. Aunque las parejas en Relaciones Lideradas por Mujeres pueden mostrar interés por la no monogamia consensuada, no es obligatoria para crear una Relación Liderada por Mujeres o un matrimonio liderado por mujeres con éxito. La CNM sigue siendo siempre una opción para la que debe haber consentimiento, y tanto tú como tu Reina estáis de acuerdo en todo lo que decidáis explorar juntos.

# CAPÍTULO 26

# El cornudo y la relación dirigida por una mujer

El concepto del cuckolding y la Relación Liderada por Mujeres es cada vez más popular, y se está convirtiendo en una de las actividades sexuales más fascinantes de las relaciones. Existe un interés creciente por el cuckolding, tanto por parte de hombres como de mujeres, aunque no sea obligatorio practicar el cuckolding como parte de una Relación Liderada por Mujeres. Un cornudo es alguien que siente placer al ver a su pareja mantener relaciones sexuales con otra persona. Ha habido muchas formas de practicar el cornudo en una relación, e históricamente estaba mal visto, ya que se ridiculizaba al hombre por suponer que era incapaz de rendir durante el sexo, lo que llevaba a su pareja a buscar a otro hombre que la satisficiera.

Hoy, sin embargo, el cornudo es mucho más complejo, y esto se debe a que las mujeres toman la iniciativa y las decisiones en las relaciones. El cornudo es mucho más que mantener relaciones sexuales con otra persona y requiere establecer muchas normas para que todo vaya bien. Yo fui una vez detractora del cuckolding, pues creía que comprometerse con una tercera persona e introducirla en la relación provocaría seguramente una ruptura que tendría consecuencias desastrosas. El cornudo también va en contra de la monogamia, que ha sido el patrón oro de las relaciones. Pero con 150.000 búsquedas al mes en Google sólo en Norteamérica, su popularidad va en aumento.

Tras investigar los hábitos de muchas parejas que ya practican este estilo de vida, he llegado a apreciar las razones por las que la gente está obsesionada con el cornudo. También comprendo mucho mejor cómo puede transformar una relación. Incluso los investigadores están de acuerdo: según sus investigaciones, las parejas cornudas que actúan según sus deseos se sienten liberadas porque pueden ser sinceras sobre sus fantasías sexuales, lo que conduce a una comunicación más abierta que las parejas en relaciones "normales". Las parejas se sienten más unidas porque no se esconden ni se ocultan.

Hoy en día, las relaciones son radicalmente distintas de lo que eran hace 20 años. La tasa de divorcios sigue rondando el 50% y la infidelidad, la mentira y la deshonestidad desempeñan un papel enorme en la destrucción de muchas relaciones. Pero, ¿y si todo esto pudiera cambiar? ¿Y si pudiéramos estar abiertos a los deseos de nuestra pareja y hacer de su felicidad nuestra principal prioridad? ¿Y si las parejas pudieran sentirse completamente a gusto hablando abiertamente de sus necesidades y deseos, sin juzgarlos? ¿Podría haber menos discusiones y escabullidas? ¿Podría haber más intimidad y compartir, en lugar de celos? He sido testigo de parejas que han informado de un giro completo en su relación cuando se pone en práctica una comunicación abierta y sincera y la voluntad de probar cosas nuevas.

En todas las industrias, el cambio es desalentador. ¿Y si nunca hubiéramos aceptado los ordenadores domésticos ni los teléfonos móviles? ¿Y si todavía tuviéramos que hablar por teléfono en lugar de enviar mensajes de texto y no existieran las redes sociales, sino sólo las reuniones sociales en persona? ¿En qué cambiarían nuestras vidas? Lo mismo ocurre con el cornudo. Lo que antes era un gran tabú se está convirtiendo en algo mucho más común, y por muy controvertido que sea, el cornudo está aquí para quedarse. La única pregunta será: ¿cómo funciona en tu relación? Este capítulo te proporcionará una guía sobre el cornudo y las reglas que debes seguir para tener éxito. También explicaré cómo empezar a hacer cuckolding y cómo evitar las trampas más comunes. Este capítulo también ofrecerá la perspectiva femenina, ya que, por lo general, ella está al mando y toma la decisión de lo que es correcto para ella y para su hombre.

Si eres una mujer interesada en añadir el cornudo a vuestras actividades sexuales actuales, ¿cómo puedes tranquilizar a tu hombre y llevarlo a cabo con éxito? Tal vez seas un hombre que quiere que su mujer o su novia practiquen el cuckolding. ¿Cómo lo introduces? Hoy en día, más del 50% de las parejas tienen un cónyuge infiel y muchas acaban en divorcio, así que los viejos métodos no funcionan. Échale la culpa a los nuevos estilos de vida, a una sociedad que quiere placer instantáneo o a un cambio de valores. Pero algo tiene que cambiar. El cornudo podría ser una respuesta a algunos de los problemas que conducen a la infidelidad, y parece que hay menos mentiras, engaños y falta de honradez por parte de sus amantes y compañeros de vida, ya estén casados o en una relación comprometida. Una relación emocionante, cariñosa, honesta y llena de confianza debería ser la nueva norma.

Para mí, la confianza es la cualidad más importante, más rara y más difícil de mantener en una relación a largo plazo, especialmente en una que implique sexo con más de una persona. Independientemente de la controversia, el cornudo está aquí para quedarse. Hablaré de cómo practicarlo manteniendo un fuerte vínculo con tu Reina. Espero que tanto hombres como mujeres adquieran una gran comprensión de este mundo, que pueda conducir a una exploración segura y feliz. Debe ser una aventura que viváis juntos con el consentimiento de todas las partes implicadas.

En los medios de comunicación, el cornudo se ha convertido en la corriente dominante. En la serie *Succession* de Netflix, nominada a los Emmy, Shiv Roy hace que su marido firme un contrato por el que se compromete mutuamente a mantener relaciones sexuales con otros hombres. Hoy en día, más millennials han admitido practicar el cuckolding de forma habitual sin problemas en la relación principal, y hay docenas de sitios dedicados a ello. Las parejas ricas solían recurrir al cuckolding, en el que el hombre era mucho mayor que su mujer y llegaba a una edad en la que era incapaz de rendir. En este tipo de relaciones, los hombres suelen participar en la búsqueda del Toro de su mujer y observarán su acto sexual.

En mis tres últimos libros *Amor y Obediencia, Los Hombres de Verdad Adoran a las Mujeres* y *Sexo Oral para Mujeres,* me centro en la Relación Dirigida por la Mujer, en la que el cuckolding es decisión de la mujer. Ella decide en última instancia si quiere practicar el cuckolding y el hombre está de acuerdo. Incluso tradicionalmente, el cuckolding lo iniciaba la mujer, por lo que considero que se trata principalmente de un ámbito dominado por la mujer. Dicho esto, este capítulo se centrará en el cuckolding desde la perspectiva femenina. Sin embargo, si eres un hombre y quieres presentárselo a tu Reina, esto también la ayudará a entusiasmarse, ya que se trata de una actividad impulsada por la mujer con participación solidaria.

En las Relaciones Lideradas por Mujeres, la responsabilidad del hombre -bajo su sumisión a la autoridad absoluta de la mujer sobre él- es permitirle a ella la libertad, para que pueda alcanzar la felicidad y todo el placer posible en su vida. El cornudo, en mi opinión, debería enfocarse de forma similar a la filosofía de *Amar y Obedecer,* en la que la mujer es la Reina y su hombre es el caballero comprensivo que hace realidad todas sus fantasías, incluido el cornudo.

¿Por qué es tan importante? Porque la felicidad de una mujer en una relación es obligatoria. Ningún hombre puede existir en una relación feliz sin que su Diosa también lo sea. He tenido mi ración de intentos de críticos de argumentar que mis escritos sólo buscan el control de las mujeres sobre los hombres; sin embargo, el dicho "esposa feliz, vida feliz" es cierto por esta misma razón.

Tanto si estás en una Relación Liderada por Mujeres como si no, cuando la Reina es infeliz, la relación se vuelve muy inestable y fracasada. El cuckolding FLR es el estilo moderno de cuckolding, ya que la Reina ejerce el control sobre su propio cuerpo, su autonomía frente a la posesión patriarcal y masculina primaria, el control misógino, el slut- shaming, la crítica y su derecho absoluto a actuar libremente según sus deseos emocionales y sexuales como mujer fuerte, independiente y poderosa.

Las mujeres lideran de muchas maneras y ejercen su autoridad más que nunca. En el 80% de las parejas que he entrevistado, los hombres están de acuerdo en que seguirán el liderazgo de sus mujeres aunque no se haya establecido formalmente que están en una Relación Liderada por Mujeres. Así que, en general, muchos hombres acogen con agrado la idea de condimentar su relación con la introducción de una Toro, y pueden seguir participando observando o siendo incluidos, dependiendo de la dirección de su mujer.

A algunos hombres les excita la fantasía de ver a su mujer o novia con un hombre más dotado o de otra raza. En este caso, tiene que convencer a su Reina para que participe en este tipo de actividad, y es mucho más sencillo si la mujer siente que controla la situación. A veces, el cornudo se utiliza como forma de humillación, por ser el patético esclavo que no puede satisfacer a su Diosa y debe sentarse tranquilamente mientras otro hombre la satisface. Así pues, hay muchas variaciones y formas de practicar el cornudo con el consentimiento absoluto de las tres partes.

Las relaciones pueden ser difíciles, y últimamente hay numerosos casos en los que las parejas buscan formas de darle sabor a la relación. A todos nos gusta la variedad. A las mujeres nos encanta llevar distintos conjuntos, zapatos y bolsos. A los hombres les encanta conducir coches diferentes e ir a bares distintos. A algunas personas les encanta estar rodeadas de gente de distintas nacionalidades o probar comidas diferentes: la gente quiere variedad, y creo que la necesita en sus relaciones.

Como líder del movimiento liderado por mujeres, que al principio estaba mal visto, me he dado cuenta de lo receptiva que es la gente a este cambio de poder. Los hombres lo piden y a las mujeres les encanta. Muchas parejas están cambiando la dinámica de las relaciones porque buscan variedad y formas de satisfacer una necesidad interior. Hay muy pocas relaciones que se rompan por culpa del cornudo. Pero el 50% de los matrimonios tradicionales siguen acabando en divorcio. Es un hecho que en las Relaciones Lideradas por Mujeres se divorcian menos parejas. Esto sugiere que, aunque se trata de un movimiento radical, hay algo en él que une a las parejas.

Las investigaciones demuestran que entre el 4 y el 5 por ciento de las parejas heterosexuales han aceptado tener una relación abierta. En otras palabras, han dado su consentimiento para no ser monógamos. La Encuesta Social General del Centro Nacional de Investigación de la Opinión reveló que más del 20 por ciento de los hombres casados y casi el 15 por ciento de las mujeres casadas admiten la infidelidad, una cifra que ha aumentado casi un 40 por ciento en el caso de las mujeres en los últimos 20 años. Además, algunos estudios han revelado que entre el 30 y el 60 por ciento de las personas casadas en Estados Unidos cometerán adulterio en algún momento de su matrimonio. Así pues, mientras que sólo entre el 4 y el 5 por ciento de los hombres y mujeres deciden ser abiertos sobre sus relaciones extramatrimoniales, entre el 15 y el 60 por ciento optan por una forma de infidelidad menos consentida. El cornudo no es infidelidad, y en general se hace con consentimiento.

El cornudo está transformando las relaciones, y el aumento de su representación en los principales medios de comunicación, junto con los millones de búsquedas mensuales en Internet, confirman este hallazgo. Los investigadores y psicólogos han descubierto que cuando un hombre o una mujer ve a su pareja con otra persona, puede excitarles y hacerles sentir orgullosos de estar con alguien que es deseado por los demás. Los hombres y las mujeres con parejas atractivas tienen este sentimiento cuando la gente presta mucha atención a sus maridos, esposas, novias o novios. A veces todos nos sentimos bien cuando los demás desean lo que tenemos. Es una emoción humana básica.

Por extensión, darte cuenta de tu incapacidad para satisfacer sexualmente a tu pareja y que te parezca bien que lo haga otra persona también es excitante y genera un sentimiento de confianza y control, porque la pareja que es cornuda lo está consintiendo. Las parejas suelen correr a casa para contar sus historias y compartir abiertamente su experiencia. A algunas personas les gusta la humillación y el sentimiento de sumisión. Esto ocurre en algunas Relaciones Lideradas por Mujeres, en las que los hombres se alegran cuando a su Diosa se le permite elegir al hombre que quiera. Les excita la humillación que sienten cuando un hombre más fuerte y viril satisface sexualmente a su Reina.

La humillación parece desempeñar un papel principal en el cornudo. Para algunos, la humillación aumenta la intensidad erótica. La mayoría de los hombres se excitan y disfrutan viendo a su pareja con otra persona. Incluso les encanta que su mujer se ría o menosprecie al Toro, que es la persona adicional introducida en la actividad cornuda. El placer también proviene de que ésta es la última muestra de respeto al permitir que tu mujer haga lo que quiera.

# CAPÍTULO 27

# Cornudos y humillación

El cornudo se convierte en una parte importante de una Relación Liderada por Mujeres porque algunos hombres disfrutan siendo serviles y también les gusta el aspecto de humillación del estilo de vida. Les excita la humillación. Mucha gente disfruta con la degradación consentida, y en una FLR, algunos hombres se encuentran sirviendo bebidas a su mujer y a su amante, o quizá limpiando la casa en cueros mientras su mujer lee en el sofá. Para estos hombres, la línea que separa el erotismo de la vergüenza es profundamente gratificante.

También merece la pena mencionar que la humillación y la vergüenza son primas de la culpa. Aunque hay profundos abismos que separan estas emociones entre sí, la culpa desempeña absolutamente un papel en el motivo por el que algunos hombres desean una relación dirigida por una mujer. Hoy en día, muchos hombres se sienten abrumados por los beneficios que reciben cada día del privilegio masculino. Para muchos de ellos, la tremenda facilidad con la que se desenvuelven por el mundo contrasta duramente con la forma en que saben que su mujer o novia es tratada a diario por el mundo exterior.

Una Relación Liderada por Mujeres les ayuda, en cierto modo, a dar la vuelta al guión y a rechazar las nociones que se les han impuesto durante toda su vida. A menudo, pero no siempre, las Relaciones Lideradas por Mujeres tienen fuertes vínculos con la cultura cornuda. El mundo del cornudo está lleno de matices, pero un hilo común a todos los estilos de cornudo es la dominación femenina. La mujer de la relación controla el sexo, y a menudo tiene relaciones sexuales con otros hombres.

En función del acuerdo al que llegaran ella y su pareja, ella

O se acuesta con los otros hombres mientras su marido se queda en casa limpiando. O deja que su pareja la vea montárselo con otra persona. A veces, las relaciones cornudas implican incluso que el hombre ayude a la mujer a elegir a sus nuevas parejas, y puede ayudarla a prepararse para una cita. Prepararle el baño, la ropa, el pelo y las uñas son tareas habituales que una mujer puede exigir a su pareja.

Por supuesto, también puedes tener una Relación Liderada por Mujeres que no implique cornudos. No todas las personas que exploran esta dinámica se sienten llamadas a participar también en la no monogamia. En algunas situaciones, una Relación Liderada por Mujeres significa simplemente que la mujer está al mando. Esto sigue apareciendo en la cama de varias formas distintas. Por ejemplo, ella puede encargarse de iniciar las relaciones sexuales, ya sea programándolas o decidiendo cuándo.

Otras razones por las que las parejas desean el cornudo son obtener excitación de lo prohibido. Crecí siendo una católica muy devota. Tanto que me daba miedo robar un paquete de chicles, y mucho menos practicar sexo con otro hombre mientras mi pareja miraba. En mis primeras relaciones, recuerdo haber montado en cólera si el ojo de mi novio se movía para mirar a otra mujer. Estos celos y este comportamiento rígido hacían que me enfadara mucho y que siempre me preocupara la posibilidad de ser infiel.

Uno de mis primeros novios me propuso una relación abierta, y recuerdo que me disgustó tanto que, en secreto, supe que habíamos terminado. Una vez que me liberé de estas restricciones basadas en el condicionamiento religioso, fui libre para disfrutar de mis relaciones. Me volví menos crítica y más experimental, y nunca me he arrepentido ni un solo día de haberme adentrado en este mundo. Cambió mi vida, mis relaciones y mi perspectiva.

Las relaciones son una de las mayores influencias de nuestra vida, que puede ser una maldición cada día o una nueva oportunidad para explorar y obtener más disfrute y felicidad. Una vez que traspasas esos límites, te liberas. Así que, aunque el cornudo es nuevo, está creciendo. Nunca pensé que Ashley Madison se convertiría en una organización tan grande extendida por cientos de países. Me di cuenta de que había millones de personas que buscaban nuevos tipos de relaciones. Por mucho que criticara la infidelidad, estaba abierta a comprender las tendencias y los cambios que se estaban produciendo en las relaciones.

# CAPÍTULO 28

# Reglas y límites del cornudo

Las parejas que practican el cuckolding deben tener normas y límites que definan claramente lo que ocurre en la relación, y éstas deben ampliarse para incluir al Toro. Una de las primeras reglas que hay que establecer es dónde tendrá lugar el cornudo. ¿Será en tu casa o en la del Toro? Como tu comodidad es importante y la seguridad es obligatoria, lo mejor es que sea en un entorno que todos podáis manejar. Algunas parejas pueden elegir una habitación de hotel para mantener el anonimato, lo cual no es una mala elección. Podéis reservarla e invitar al Toro. Todos estáis seguros y no entráis en un espacio privado.

Si esto no es una opción, puedes elegir el dormitorio de invitados, asegurándote de que no haya niños cerca. De este modo, de nuevo, no está en tu espacio privado. También puedes elegir la zona de la piscina, si el tiempo lo permite, ya que es sexy y, de nuevo, te permite mantener la privacidad de tus zonas personales. La idea es que, puesto que se trata de una nueva aventura, es recomendable mantenerla separada de tu vida cotidiana.

Cuando hayas decidido hacer cuckolding, es importante establecer primero unos límites claramente definidos contigo y con tu Reina. ¿Cómo se desarrollará? ¿Se acercará tu Reina al Toro, o lo haréis los dos? ¿Decidirá la Reina cómo se desarrollará dándote instrucciones, o participarás tú desde el principio? Aquí es donde una Mujer

La Relación Liderada es tan beneficiosa porque la mujer pone las reglas.

Ella decide lo que va a ocurrir, y tú sólo tienes que seguirla. Por tanto, los límites también deben implicar lo que ocurre si alguien se siente incómodo o quiere parar. Debe quedar claramente establecido que todos abortaréis inmediatamente. Nunca deben producirse discusiones ni ataques de ira por celos. Esto mantiene el buen funcionamiento de todo. Si tu Reina quiere parar, la respuesta adecuada y respetuosa es que todos estéis de acuerdo. También hay que tener en cuenta el estado de ánimo del Toro, y si no puede actuar, decidís una forma respetuosa de parar. En ningún momento debes hacer que nadie se sienta patético o mal. Quieres evitar cualquier posibilidad de que una situación divertida se descontrole.

Otro punto crucial en los límites es hablar de la importancia de la honestidad. El vínculo entre tu mujer y tú debe mantenerse, y en ningún momento ninguno de los dos debe comprometerse con el Toro a solas o sin consentimiento. La idea del cornudo, en contraposición al engaño, es la mentira, la ocultación y el secretismo que suelen darse con la infidelidad. Mantener la confianza es el factor más importante. Me he dado cuenta de que, en el engaño, la falta de honradez suele ser lo que más destruye las relaciones, por lo que la confianza y el entendimiento de que ambas personas siempre serán honestas y abiertas sobre el cornudo es la clave.

Debe entenderse que no habrá vínculos emocionales con el Toro por parte de ninguno de los dos.

## Estos son algunos de los pasos para empezar:

1. **Comunicación abierta.** El mejor punto de partida es la comunicación abierta. Háblalo todo abiertamente. ¿Qué te gusta a ti y qué le gusta a ella? ¿Cómo ves el desarrollo de la actividad? ¿Qué cosas están completamente prohibidas? ¿Qué áreas estarías abierta a explorar?

2. **Habla de la Fantasía.** El siguiente paso es pasar algún tiempo hablando de la fantasía, para que podáis explorar cualquier cosa incómoda al respecto. Comunicarlo todo hará que las cosas sean mucho más fáciles. Decide qué palabras seguras decir si hay algo que te resulte extraño y alarmante.

3. **Sal y relaciónate con la gente.** Dedica tiempo a hablar de ello o a salir con otras personas en un bar. Sin comprometerte directamente con un hombre soltero, podrías establecer escenarios para acercarte a un hombre soltero en un bar con el objetivo simplemente de adquirir experiencia de que ambos os sentís cómodos hablando con un tercero. Quizá tu reina quiera bailar con otro hombre y flirtear con él mientras tú observas. Ésta puede ser una forma fácil de determinar cómo os sentís los dos al respecto.

Una de mis primeras experiencias con esto fue cuando uno de mis exnovios me animó a bailar con un amigo suyo. Al principio, me chocó un poco que a él no le importara, y me sentí muy incómoda con el otro hombre acercándose agresivamente a mí delante de mi novio, que no tenía ningún problema con ello. Más tarde supe que era algo que le gustaba, y que él y su amigo estaban acostumbrados a ello. Ni que decir tiene que la relación terminó, pero lo que aprendí fue que bailar y flirtear en un escenario como éste era suficiente para determinar si el cornudo sería adecuado para ti.

Si ambos no podéis superar este paso o hay signos de celos, puede que no estéis preparados. Es importante sentirse cómodo con el proceso y sentirse bien si la primera vez no va bien. Después de cada encuentro, incluso en un bar, hablad abiertamente de vuestros sentimientos. Hablad de cualquier duda y de cómo se podría mejorar. Quizá no te gustó cómo se posicionó con un tercero y te excluyó. O te gustó que tomara la iniciativa de acercarse a un hombre y luego os invitara a los dos a sentaros y charlar. Es imprescindible hablar de todo y, en última instancia, decidir si merece la pena seguir adelante. Uno de mis ex novios me pidió que mantuviera una relación abierta y yo le dije que me parecía bien, pero en realidad no estaba preparada para nada en ese momento. Mi falta de voluntad para ser sincera acabó provocando una ruptura entre nosotros.

4. **Busca el Toro.** Muchos sitios de citas online ya están preparados para el cornudo, y muchos de los principales ofrecen opciones para explorarlo. Dedica tiempo a revisar perfiles y decidir juntos quién sería adecuado para uniros a los dos. Sé respetuoso cuando te acerques a alguien por primera vez y, de nuevo, haz de las primeras citas un momento para conoceros y

hablar. Cuanto más cómodo te sientas con el Toro, mejor será la experiencia. Mantén los detalles personales al mínimo y asegúrate de que todos están de acuerdo con la seguridad y las precauciones.

5. **Establece normas para la noche.** Por ejemplo, puedes decirle a tu pareja: "Esta noche, salgamos con Dan a cenar, y después podemos volver, meternos en el jacuzzi y empezar por ahí". No tiene que pasar nada. Puede ser sólo una noche para conocerle y pasarlo bien. Más adelante, cuando os sintáis más cómodos, podéis pasar momentos sensuales en un jacuzzi, besándoos o dejando que el Toro la manosee. Hay que establecer la decisión de la Reina sobre hasta dónde está dispuesta a llegar, pero no hay nada malo en empezar con pasos de bebé. Cuanto más suave sea cada encuentro, mejor será.

Algunas parejas progresan con la digitación o el uso de juguetes sexuales sólo a medida que continúa la exploración. Luego, una vez que todos estéis de acuerdo, podéis planear la experiencia completa de que el Toro tenga relaciones sexuales con tu mujer mientras tú observas. Algunas variaciones pueden consistir en que, quizá antes del coito, practiques sexo oral con tu mujer y luego dejes que el Toro se la folle. Pase lo que pase, ella debe poner las reglas, y tú puedes decidir si estás de acuerdo. Es mucho más divertido e inclusivo que tú participes de algún modo, y que el acto principal quede reservado a la mujer y al Toro.

No te avergüences si sientes celos. Los celos son una poderosa emoción humana. No significa que seas cerrado de mente o mojigato. Por muy "guay" que seas, los celos van a estallar. Eso no significa que "este tipo de relación no sea para ti". Los celos suelen significar que necesitas una atención especial. Como compañero de una relación significativa con alguien, debes estar dispuesto a trabajar tus sentimientos.

Abriros a nuevas experiencias sexuales puede provocar todo tipo de sentimientos, y hay que dejar que los experimentéis abiertamente. Muchas parejas pasan por esto, y es perfectamente normal. Las emociones forman parte del viaje emocionante, los celos, la pasión y el deseo, que es lo que hace que esto sea tan excitante para todos los implicados. Los dos también tenéis que ser respetuosos con el Toro y con cualquier duda.

Los seres humanos parecen haber evolucionado para ser principalmente monógamos, con engaños ocasionales, afirma el profesor de psicología de la Universidad de Michigan, William McKibbin, PhD. Como resultado, alrededor del 4 por ciento de los niños de todo el mundo son engendrados por alguien que no es el hombre que cree ser el padre, según un metaanálisis publicado en el *Journal of Epidemiological Community Health* (Vol. 59, n.º 9). Que

tendencia permite a las hembras tener más variación genética entre su descendencia, pero para el hombre cornudo, no es bueno.

Para defenderse de la cornudez, los hombres han desarrollado diversas defensas conductuales y biológicas, dijo McKibbin. También descubrió que los hombres con mayor riesgo de cornudez, medido por la proporción de tiempo que habían pasado alejados de sus parejas, se interesaban más por mantener relaciones sexuales con sus parejas.

También encontraban a sus parejas más atractivas y adoptaban un comportamiento de "protección de la pareja". Este efecto era independiente del tiempo transcurrido desde la última relación sexual de la pareja, por lo que no era sólo el resultado del deseo acumulado, y estaba moderado por el grado en que el hombre confiaba en que su pareja no le engañaría, descubrió McKibbin. Uno de estos hallazgos, en el estudio de *Psicología Comparada* de McKibbin, indica: Los hombres con riesgo de cornudez eran más propensos posteriormente a presionar a sus parejas para tener relaciones sexuales. En este caso, más sexo no siempre es mejor, porque está impulsado por el miedo. En este caso, el factor confianza también se ve amenazado, lo que podría provocar problemas a largo plazo.

## El primer encuentro cornudo

Ahora que ya se ha discutido, practicado y acordado todo, ha llegado el momento de tu primer encuentro. Es probable que esto provoque mucha excitación y expectación. Asegúrate de que estás equipada con tus elementos de seguridad: preservativos, anticonceptivos, etc. Puede que quieras tener un juego de sábanas reservado específicamente para esto. Mejor aún, si ocurre en una habitación de hotel o en un lugar separado de tu casa principal. Si tienes hijos, asegúrate de no exponerlos en modo alguno a esta actividad.

Recomiendo establecer horarios y elegir una hora para reunirse. En

Puede ser una buena idea quedar en un restaurante o bar. Ambos debéis intentar vestiros para impresionar con algo aplicable al acto. Tu Reina también puede llevar ropa extra o juguetes sexuales. La higiene personal es de suma importancia, por lo que una habitación de hotel sirve para que tengáis acceso a un cuarto de baño. Si decides tenerlo en tu casa, sería prudente designar una habitación específica para ello, de modo que puedas prepararlo, con la atmósfera y el ambiente que prefieras. Las piscinas, las bañeras de hidromasaje, los jacuzzis, la primera línea de playa con acceso a una playa, o una suite en el ático con vistas a la ciudad son zonas maravillosas para reservar para el primer encuentro.

Cuando llegues al lugar, empieza por poner a todo el mundo cómodo. Tómate unas copas y escucha música. Puedes empezar con algún juego ligero con tu Reina. Hazlo despacio y de forma sexy para que todo el mundo esté de humor. Luego podéis pasar todos al dormitorio. Si tu Reina ha decidido que vas a mirar, ve a tu silla y deja que ella dirija.

Ella ya debería haber determinado cómo quiere tener relaciones sexuales y dejar que las cosas se desarrollen con naturalidad. Sé abierto y mantén los límites establecidos. Nadie debe salirse del guión. Puede ser conveniente que el primer encuentro sea breve. Sé consciente de cómo te sientes durante la primera vez, para poder decidir si el cornudo volverá a repetirse en el futuro. La clave es disfrutar del momento. Concéntrate en tu Reina y en su disfrute. Abstente de intervenir, a menos que ella te permita expresamente que lo hagas. Entonces, centra tu atención sólo en ella. Cuanto más cómodo se sienta todo el mundo, mejor fluirán las cosas. Una vez finalizado el encuentro, el Toro puede marcharse, y tú y tu La reina puede seguir junta, acurrucarse o hablar. Dúchense o simplemente relájense. Es esencial tener un periodo de unión después del acto.

# CAPÍTULO 29

# HotWifing y la relación dirigida por mujeres

E l hotwifing es cuando el hombre disfruta exhibiendo a su mujer y viendo la reacción de otros hombres, pero sigue prefiriendo ser el alfa en la relación o matrimonio. En el hotwifing, el hombre obtiene placer de que otros hombres disfruten de su mujer. Incluso puede ser adecuado e implicarse en el acto sexual con el otro hombre. El marido de una esposa caliente considera un cumplido para sí mismo que otros hombres deseen a su mujer. Se enorgullece de tener una esposa tan caliente y cargada sexualmente.

El Hotwifing funciona en las Relaciones Lideradas por Mujeres porque da poder. Las mujeres se sienten sexys y libres de las típicas limitaciones sociales, y pueden ser apreciadas por más de un hombre. Las esposas calientes tienen el control de su sexualidad, y la atención aumenta la confianza dentro y fuera del dormitorio. El Hotwifing es especialmente bueno para las que tienen un gran apetito sexual. Algunas reinas han declarado sentir una sensación única de poder cuando están en una habitación llena de conquistas potenciales. Saben que pueden tener a quien quieran sin sentirse culpables. Una Reina describe la emoción de tener la experiencia de otro hombre, coqueteando con ella mientras su marido estaba sentado al otro lado, mirándola. No había tensión, ni celos, y la sensación era de total tranquilidad.

Dado que hoy en día el hotwifing es predominantemente una actividad dirigida por mujeres, muchas parejas que disfrutan de este estilo de vida ya están en una relación dirigida por mujeres.

Relación de pareja. La mujer estará a cargo de las decisiones importantes y tendrá más autoridad en la relación.

La decisión de la Reina debe respetarse y acatarse. La primera

regla de las Relaciones Dirigidas por Mujeres es que el sexo es para el placer de la Reina. Si habéis llegado a un acuerdo de que es beneficioso para ella interactuar con el Toro mientras tú observas, debes atenerte a él. Tal vez la Reina decida que quiere que participes, y esto es lo que harás.

Sin embargo, deben establecerse límites claros tanto para ti como para el exterior. Todo debe explicarse claramente al Toro antes de entablar cualquier relación, para evitar actividades no deseadas. Cuando la Reina decida que quiere dar el primer paso para empezar las cosas, esto debe respetarse. Los hombres de una Relación Liderada por Mujeres nunca deben tomar la iniciativa de iniciar nada con hotwifing que no esté autorizado por la Reina. Dado que probablemente será ella la que se comprometa con un desconocido, debe tener cuidado y confianza en cómo se hace. Debe decidir con qué se siente cómoda y qué prefiere evitar.

El hotwifing debe abordarse siempre con mucho cuidado y respeto por todas las personas implicadas. El consentimiento es extremadamente importante. En la Relación Liderada por Mujeres, el hombre es el caballero que apoya. Está apoyando la interacción de la Reina con otro hombre. Como parte de ese apoyo, si ella decide que quieres implicarte, puedes hacerlo. El hotwifing tiene que ser una experiencia positiva para ti y para tu Reina. La idea es que ambos os encontréis en una situación de Female Led

Relación y estáis enamorados. Ambos queréis mantener una relación duradera.

La Reina afronta con éxito y ética el hecho de tener amantes externos y mantener fuerte su relación principal. Esto supone un gran reto, por lo que cualquier decisión relacionada con el hotwifing no debe tomarse a la ligera. Una forma de mostrar tu verdadera sumisión y devoción es en la fase de preparación, ayudándola a prepararse para el evento. Al igual que una reina que se prepara para asistir a un evento, sus ayudantes la ayudan a prepararse. Cuando dedicas algo de tiempo a ayudar a tu Reina a prepararse, refuerzas tu vínculo como su caballero de apoyo.

El hotwifing puede ser una parte excitante de una Relación Liderada por Mujeres, porque como caballero comprensivo, permites que tu Reina haga lo que la haga feliz. Puede ser una actividad muy excitante para que ambos la hagáis juntos, pero aún así tenéis que seguir las reglas de la FLR. El sexo es primero para el placer de la Reina. Tú existes para proporcionar placer a la Reina. Con tu aceptación y respeto durante toda la interacción, demuestras tu compromiso con su felicidad. Esto significa que le permites dirigir la interacción y obedecer sus normas. Eres respetuoso con su interacción con el hombre exterior, el Toro, y te adhieres a los acuerdos alcanzados. Fomentas la comunicación abierta antes y después del acto, asegurándote de que ambos os sintáis satisfechos con la experiencia.

Los hombres se permiten fantasías todos los días, ya sea a través del consumo de porno o durante los momentos íntimos con su pareja. El hotwifing puede ser la realización en la vida real de una fantasía. Muchos hombres desean ver a sus esposas practicando sexo con otro hombre tras haberlo visto en un vídeo porno o haber leído sobre ello. A veces es una fantasía que han tenido desde la edad adulta temprana.

Otras veces, es más que eso. Quiere demostrar a su Reina su devoción. Obtiene satisfacción sexual al saber que está al servicio de su mujer, y ella sigue siendo su Reina. El hombre sigue sintiendo que tiene el control, porque quiere ver a su Reina con un hombre que sea más capaz de satisfacerla e incluso puede estar mejor dotado o ser más musculoso, para su propia satisfacción. A menudo, estas relaciones persiguen satisfacer las fantasías del marido o de la pareja. Esto puede aplicarse a cualquier mujer cuyo marido considere que está lo bastante buena como para atraer a otro hombre, o para el cornudo en el que él no es sexualmente capaz de satisfacerla a ella sola. En el mundo del sexo pervertido, cualquiera de las dos formas de expresión significa simplemente que el marido desea cierto nivel de interacción entre su mujer y otro hombre.

Aunque el concepto de que otro hombre abrace, bese y haga el amor con tu mujer suele considerarse un poco anormal, es una fantasía que tienen muchos hombres y mujeres. De hecho, las investigaciones han demostrado que la mayoría de los hombres fantasean con ver a su mujer manteniendo algún tipo de actividad sexual con otro hombre.

Hoy en día, muchas parejas consideran que el cuckolding o hotwifing es divertido, excitante y beneficioso para su matrimonio. Es obvio por qué les gusta a las mujeres, ya que les permite hacer realidad sus fantasías sexuales más salvajes. Además, muchas parejas comparten esta fantasía sexual de llevar su relación a un nivel más pervertido.

Las investigaciones demuestran que las parejas tienen fantasías sobre el hotwifing, pero muchas tienen miedo de expresarlas porque temen lo que su pareja pueda pensar de ellas. Por eso, uno de los beneficios de poner en práctica una fantasía de hotwifing es la realización en la vida real de su deseo más secreto. También proporciona a la mujer una nueva libertad moderna y el derecho a elegir lo que hace con su cuerpo. Las mujeres modernas no quieren ser controladas por un hombre. En el matrimonio dirigido por mujeres, éstas tienen derecho a hacer lo que crean conveniente.

La esposa obtiene la libertad de disfrutar de la compañía del sexo opuesto.

Muchas mujeres en matrimonios dirigidos por mujeres disfrutan de la compañía de hombres que no son sus maridos. Practican la idea de que las mujeres modernas "no son propiedad de sus maridos". Esta forma moderna permite que las mujeres tengan la oportunidad de disfrutar más de la vida. Cuando un hombre permite a su mujer estar en compañía de otros hombres, ella disfruta de un tipo refrescante de intimidad y libertad con todos sus hombres, incluido su marido.

En el matrimonio dirigido por una mujer, ésta se libera de los celos de su marido. Los celos son una de las principales razones del fracaso de muchas relaciones. Los celos surgen de las preocupaciones e inseguridades del ego masculino. Estos celos basados en el ego masculino son un factor que contribuye a muchos desacuerdos y rupturas. Como hemos aprendido, los celos provienen de una antigua codificación genética del hombre para proteger su linaje futuro asegurándose de que la descendencia de su mujer también sea suya. El hotwifing es una experiencia moderna de control de la natalidad, que puede ayudar a liberar al hombre de sus sentimientos de celos. En un matrimonio dirigido por una mujer, la esposa puede disfrutar de su libertad para ser quien quiera ser. Sabe que su marido será obediente, y que tendrá en cuenta sus intereses y su placer, lo que la ayuda a confiar más en él y a disfrutar del matrimonio.

Las relaciones se basan en la confianza y la comunicación. El hotwifing puede aumentar la confianza y la comunicación en las relaciones. Si queréis ser verdaderamente felices, con una relación duradera, debéis aseguraros de que os comprendéis mutuamente y de que os dais la oportunidad y la libertad de ser quienes sois de verdad, incluida la de vivir vuestras fantasías más secretas. Antes de empezar a sumergiros en el hotwifing o cuckolding real, ambos debéis poneros de acuerdo sobre vuestra intención de participar. Las mujeres en las Relaciones Lideradas por Mujeres suelen ser sexualmente dominantes, mientras que el hombre adopta un papel más sumiso, implicándose sexualmente con ella o con su amante sólo cuando la esposa se lo permite. A veces, el hombre permanecerá en castidad y completamente célibe durante todo el matrimonio.

Como hombre, puede que sientas que estás con la mujer más caliente del mundo, y el deseo de todo hombre es tener una mujer que sea el sueño de otro hombre. El hotwifing da a un hombre la oportunidad perfecta de permitir que otros hombres aprecien lo hermosa y deseable que es su mujer, lo que normalmente sirve para aumentar tanto su amor como su respeto por ella. Aumenta la confianza tanto del hombre como de la mujer. En los matrimonios dirigidos por mujeres y en las experiencias tanto de cuckolding como de hotwifing, las mujeres tienen la oportunidad de expresarse. Cuando una mujer sabe que cuenta con el apoyo de su hombre para hacer lo que desee, se siente muy bien consigo misma, lo que contribuye a aumentar su propia confianza en sí misma. Este tipo de relación abierta y honesta aumenta la confianza y la comunicación entre la pareja y la acerca más.

Es bien sabido que las Relaciones Guiadas por Mujeres aumentan la intimidad. El Hotwifing ofrece a la pareja la oportunidad perfecta de adquirir conocimientos importantes sobre sí mismos y sobre el otro, que pueden ayudar a aumentar su nivel de cercanía y conexión. Las nuevas aventuras sexuales y la gran variedad de opciones profundizan drásticamente el vínculo de la pareja. Proporciona una mayor sensación de satisfacción sexual tanto al marido como a la mujer.

El hotwifing crea un estilo de vida para alcanzar la satisfacción física. La mujer puede pasar tiempo de calidad con hombres que le interesan, lo que sacia su sed que, de otro modo, normalmente conduciría a aventuras y traiciones en matrimonios más tradicionales que destruyen la confianza y las relaciones. Uno de los principales beneficios de las Relaciones Lideradas por Mujeres es que la pareja permanece unida porque es mucho más abierta, honesta, íntima, cariñosa y satisfactoria de lo que mucha gente cree.

# CAPÍTULO 30

# Poliamor

L a gente suele confundir el cornudo con el poliamor, pero son diferentes. Una relación poliamorosa, del griego *poly*, que significa "muchos", y del latín *amor*, que significa "amor", es una relación no monógama. El poliamor se da en una pareja femenina

Relación en la que una pareja desea tener intimidad con varias parejas todo el tiempo, y es un estilo de vida real. Muchos famosos han admitido practicar el poliamor. Miley Cyrus, por ejemplo, hizo famoso el poliamor cuando reveló que, aunque estaba casada, era abiertamente poliamorosa. Lo más chocante fue que Miley indicó que sus parejas pueden ser hombres, mujeres, homosexuales, heterosexuales o transexuales.

Aunque las parejas poliamorosas tienen la libertad de ser no monógamas, sigue habiendo normas establecidas que deben cumplirse. Un gran ejemplo de ello fue la película *Salvajes*. Los tres personajes vivían juntos, y cada hombre mantenía relaciones sexuales con el personaje femenino principal, Ofelia, interpretado por Blake Lively. Incluso los personajes del cártel mexicano criticaron este tipo de vida como "salvaje" en comparación con su forma de matar y asesinar a sus socios del cártel. La ironía es omnipresente en esta película, pero fue un buen retrato del poliamor moderno. Los tres se consideraban la unidad familiar.

El cornudo no es lo mismo. Aunque la Reina tenga relaciones sexuales con un Toro, éste no forma parte de la unidad familiar principal y, en general, el cornudo no es un homosexual o un transexual. El cornudo tiene que ver principalmente con el sexo o la humillación, pero no implica vivir e invitar a otros a la unidad familiar. El poliamor puede ser la elección de algunas parejas, pero como descubrió Miley, no es sencillo. Su marido, Liam Hemsworth, no compartía sus costumbres poliamorosas, lo que provocó su separación y divorcio a principios de 2020. Su separación también puso de manifiesto un punto muy importante: tanto el hombre como la mujer de la relación deben estar de acuerdo con el estilo de vida, de lo contrario, habrá muchos conflictos.

También opino personalmente que, mientras que el cornudo parece ser mucho más comedido y selectivo a la vez que conserva un fuerte vínculo en la relación principal, invitar y convivir con varias personas como parte de la unidad familiar representa una situación mucho más complicada de gestionar. El cornudo o el hotwifing pueden ser una o dos noches de diversión, mientras que el poliamor suele implicar vivir con varias personas en el día a día. Dos escenarios completamente distintos que no hay que confundir.

El poliamor también está creciendo por motivos económicos y por la escasez de hombres heterosexuales. Como puede resultar extremadamente caro vivir en una ciudad, ahora una pareja puede invitar a una tercera o varias personas a vivir en su casa, y esto puede conducir al poliamor, en el que también practican sexo. Hay numerosos ejemplos de parejas poliamorosas que tienen hijos y viven como una unidad familiar feliz. Lo importante es gestionar la relación entre todos los que participan y fomentar la comunicación abierta y el consentimiento. En la serie de Netflix *Narcos*, el jefe del cártel de Cali tenía tres mujeres con las que se comprometía, y todas vivían juntas felizmente, pero había que gestionar sus horarios con cada una.

El Poliamor se complica aún más en una Relación Liderada por Mujeres, ya que debe seguir habiendo una Reina a cargo del hogar y su hombre sumiso. Si hay un hombre o una mujer más, debes decidir cómo encajará en la dinámica de la RPF. También debe haber normas claras sobre lo que ocurre en la vida cotidiana y cuál será la dinámica de poder. No es imposible, pero hay muchos retos y cuestiones que discutir y obstáculos que superar. Los hijos como parte del poliamor y de las Relaciones Lideradas por Mujeres también deben gestionarse adecuadamente para comprender no sólo la dinámica liderada por mujeres, sino las relaciones múltiples como parte de la unidad familiar.

# CAPÍTULO 31

# Estilo de vida swinger y relación dirigida por mujeres

¿Cuál es el momento más emocionante de la vida? ¿Es el primer beso? ¿Salir con alguien y buscar pareja? ¿Por qué es tan emocionante? ¿Es el flirteo, el suspense y la emoción de lo desconocido? ¿Qué va a pasar durante o después de la cita? Estos son los aspectos que faltan en una relación duradera, y si somos sinceros con nosotros mismos, echamos de menos estos momentos.

Entonces, ¿cómo reavivar la emoción y la aventura en una relación o matrimonio duradero? Empieza a tener citas de nuevo y a conocer gente nueva. Entra en el intercambio de parejas y en el estilo de vida de amigos con derecho a roce. Hoy en día hay más cobertura mediática, películas y programas de Netflix sobre el tema que nunca. Google registra 600.000 búsquedas al mes de los términos "intercambio de parejas" y "amigos con derecho a roce", y existen varios clubes, actos sociales y vacaciones para los interesados en el intercambio de parejas.

La canción de Katy Perry "I Kissed a Girl" propulsó la experimentación chica con chica a la corriente dominante. De repente, probarlo se hizo popular, y éste es el sentimiento de muchas parejas que siguen juntas pero deciden añadir la experimentación y exploración del intercambio de parejas a sus matrimonios y relaciones duraderas. Hoy en día, se ha descubierto que las mujeres inician el intercambio de parejas con más frecuencia, y lo utilizan como una oportunidad para explorar sus propios deseos. A los hombres les encanta, ya que hacen realidad sus fantasías de tríos y parejas múltiples. El intercambio de parejas está siendo liderado por mujeres y está cambiando radicalmente las cosas. El intercambio de parejas suele referirse a las parejas que cambian de pareja sexual con otras parejas, pero "el estilo de vida" engloba a las personas que buscan tener sexo recreativo o experiencias sexuales con cualquiera fuera de la relación. Esto puede incluir invitar a un tercero para hacer un trío o asistir a clubes o fiestas sexpositivas.

El diccionario urbano describe el swinging como un estilo de vida de no monogamia en el que las relaciones sexuales se producen fuera de la pareja establecida. Los swingers son personas que sienten la necesidad de explorar y obtener satisfacción de otros fuera de la pareja principal. Por lo general, sólo tiene éxito cuando ambos miembros de la pareja lo practican con otras parejas, y existe plena confianza y seguridad en la relación.

Considerado parte del estilo de vida alternativo, el intercambio de parejas a menudo era mal visto y rechazado por la sociedad normal. Se creía que estaba en el mismo terreno que el engaño y la infidelidad, pero las parejas swingers afirman ser más felices siguiendo este estilo de vida y, por lo general, no se divorcian. Con el intercambio de parejas, no hay engaños, mentiras ni andar a escondidas, que a menudo conducen a problemas de confianza. En lugar de eso, las parejas disfrutan de la noche o el fin de semana que dedican a conocer a otras parejas, y cualquier exploración se hace con el pleno consentimiento de todos los implicados.

A menudo se considera que el intercambio de parejas es más seguro que las citas, porque no te reúnes con desconocidos a solas, y aunque hay diversión sexual, el intercambio de parejas a menudo conduce a amistades duraderas. Para muchos, una ventaja es el aumento de la calidad, la cantidad y la frecuencia del sexo. Algunas personas practican el intercambio de parejas para añadir variedad a su vida sexual convencional o por curiosidad. Algunas parejas perciben el intercambio de parejas como una salida saludable y un medio para fortalecer su relación. Otras consideran estas actividades como una mera interacción social y recreativa con otras personas. Los investigadores calculan que entre el 40 y el 50% de los primeros matrimonios acabarán en divorcio o separación permanente, y que entre el 60 y el 65% de los segundos matrimonios acabarán en divorcio. Aunque el divorcio siempre ha formado parte de la sociedad estadounidense, se ha hecho más frecuente en los últimos 50 años. Sin embargo, los swingers rara vez se divorcian.

El swinging implica que ambos miembros de una relación comprometida se relacionen sexualmente con otras personas con fines de entretenimiento y establezcan nuevas amistades "con derecho a roce". La mayoría de las parejas en relaciones "patriarcales" conservadoras tradicionales se meten en una "rutina sexual", y ¿dónde está la diversión en eso? La "rutina sexual" es la peor de todas, porque te priva de intimidad. El intercambio de parejas te permite una experiencia vital totalmente distinta y un mundo salvaje completamente nuevo en el que tus fantasías sexuales pueden hacerse realidad. Puedes escapar de la monotonía y el aburrimiento y aprender de los demás, relacionarte con gente divertida y, por supuesto, ampliar los escenarios sexuales que estás dispuesto a experimentar con tu pareja.

Lo que debes comprender es que una relación abierta no puede existir sin comunicarse abiertamente el uno con el otro. Guardar secretos y engañar a tu pareja sobre tus deseos, necesidades y actividades sexuales acabará volviéndose tóxico y creará sentimientos de abandono, inseguridad, rechazo, celos y traición, todo lo cual seguramente destruirá tu matrimonio o relación. Pero no tiene por qué ser así. Muchas parejas afirman lo contrario. Pasan más tiempo juntos y, como resultado, están más relajados, felices y satisfechos sexualmente.

En el mundo del intercambio de parejas, las parejas establecen sus propias normas sobre lo que necesitan dentro de las relaciones y los matrimonios, y aceptan atenerse a los límites que establecen. Las parejas que eligen este tipo de estilo de vida buscan una o varias parejas por la pura excitación de obtener lo que no reciben sexualmente de su relación primaria. Pero la relación primaria se mantiene como lo más importante, y cada pareja decide lo que está permitido y lo que no.

Los swingers suelen tener amistades duraderas con otras personas del sexo opuesto, a la vez que disfrutan también de los placeres sexuales que les proporcionan. Las cosas nunca se quedan estancadas, y suele dar sabor al dormitorio.

Algunas parejas disfrutan observando a otras parejas. Aprenden nuevos trucos y técnicas, y tienen libertad para explorar. Después de años juntos, sin mucho esfuerzo, es casi imposible experimentar la excitación y el nerviosismo que sentías cuando salíais por primera vez. Muchos matrimonios muertos cobran vida cuando ambas personas son libres de explorar sus últimas fantasías sin mentir, escabullirse ni engañar. Y lo hacéis juntos, lo que sólo sirve para fortalecer vuestra relación.

Las mujeres pueden abordar el intercambio de parejas de forma diferente a los hombres. Algunas quieren experimentar con mujeres, mientras que otras necesitan más excitación de la que creen posible con sus hombres. Muchas son bi-curiosas, y en lugar de guardarse esos sentimientos, deprimirse y anestesiarlos con vino todas las noches, son libres de explorar su sexualidad y sus fantasías. Los hombres también obtienen la excitación y la aventura que anhelan.

El intercambio de parejas también se da entre parejas del mismo sexo y es muy popular entre los hombres gays. La mayoría de los swingers consideran que aporta más alegría y plenitud a sus vidas y enriquece sus matrimonios. Sin embargo, admiten que el intercambio no llenará un vacío en su matrimonio, y aquí es donde pueden producirse experiencias negativas. El intercambio de parejas no arreglará una relación rota, y si es aquí donde tú y tu pareja os encontráis, debéis buscar el consejo de un terapeuta.

# CAPÍTULO 32

# La obediencia en las relaciones dirigidas por mujeres

El papel de la obediencia en las Relaciones Lideradas por Mujeres es clave para crear una jerarquía de poder. La obediencia es una forma de influencia social en la que un individuo actúa en respuesta a una orden directa de otro individuo, que suele ser una figura de autoridad. Se supone que, sin esa orden, la persona no habría actuado de una determinada manera. Seguir órdenes es un requisito esencial en una Relación Dirigida por Mujeres. Una orden dada por la Reina al caballero es una exigencia que éste debe seguir sin pensar ni desobedecer.

¿Por qué es importante? Porque las órdenes infunden disciplina. Las órdenes pasan de la Ama *y Obedece* al hombre sumiso como forma de asegurarse de que ambos están de acuerdo. La obediencia es el cumplimiento de órdenes y desempeña el papel de mantener la estructura en la Relación Liderada por Mujeres. El liderazgo implica imponer respeto y una respuesta predecible por parte del hombre obediente. Las reinas deben demostrar que tienen capacidad para dirigir a los demás, y lo demuestran con su habilidad para completar con éxito las tareas.

Por ejemplo, graduarse en el instituto, la universidad, la escuela de posgrado o trabajar con éxito en una carrera o como profesional. Para ser una Reina *del Amor y la Obediencia*, una mujer debe demostrar que puede dirigir, gestionar y mantener el orden en su relación. Como he mencionado antes, la mayoría de las mujeres que desean FLR son cultas e inteligentes. A menudo, son más cultas e inteligentes que su hombre, por lo que esto no suele ser un problema.

La obediencia no es nada nuevo en la sociedad y en nuestras relaciones interpersonales. Por tanto, no es sorprendente que desempeñe un papel clave en una Relación Liderada por Mujeres. Muchas culturas tradicionales consideran la obediencia una virtud; históricamente, las sociedades han esperado que los niños obedecieran a sus mayores. A lo largo del tiempo, los esclavos tuvieron que obedecer a sus dueños en la América colonial. Del mismo modo, los siervos obedecían a sus señores y reyes en la sociedad feudal, y la gente obedecía a su Dios. Compara el ideal religioso de la rendición y su importancia en el Islam. La palabra Islam significa literalmente "rendición".

En algunas bodas cristianas, la obediencia se incluye formalmente junto con el honor y el amor como parte del voto matrimonial convencional de la novia, pero no del novio. En una Relación Dirigida por Mujeres, es lo contrario, el hombre jura obediencia pero la Ama Ama y Obedece sólo promete dirigir y mandar. Como hombre, debes obedecer a tu mujer superior, llamándola Diosa, Reina o Ama. Debes comportarte obedientemente como lo hace un niño con su madre, y si haces el bien, no tendrás que temer ningún castigo aterrador.

Digas lo que te diga tu mujer, haz lo que te diga, porque, a través de ella, ganarás su amor y alcanzarás la felicidad.

La obediencia es necesaria cuando tu figura de autoridad femenina te ordena hacer algo. Mientras que los roles tradicionales masculino-femenino están determinados por la conformidad con las presiones sociales y la adhesión a las normas de la mayoría. La obediencia implica una jerarquía de poder y estatus. La persona que da la orden, la Ama *y Obedece*, tiene un estatus superior en la relación que la persona que la recibe, el caballero obediente. Este estatus superior crea orden, calma y un entorno de amor nutritivo.

La obediencia es el acto de seguir órdenes sin cuestionarlas porque

proceden de una autoridad que has aceptado. Hay muchas autoridades legítimas en la vida de una persona, desde los padres a los profesores, pasando por las fuerzas del orden e incluso los líderes espirituales y gubernamentales. La mayoría de estas figuras de autoridad mencionadas reciben su autoridad de la sociedad. Sólo se nos dice que sigamos lo que nos dicen que hagamos. En otras palabras, se nos entrena para ser obedientes a estas personas. Toda persona, en algún momento de su vida, ha seguido a un superior sin cuestionarse por qué hace lo que hace.

Por ejemplo, nunca nos preguntamos por qué hacemos exámenes en la escuela. Simplemente los hacemos porque nos lo ordenan. Nunca cuestionamos muchas de las normas que la gente dice que "nos convienen", porque normalmente nos las dice alguien que está en una posición superior a la nuestra. En la Relación Dirigida por la Mujer, a la mujer se le concede la máxima posición de autoridad y el hombre acepta obedecerla. A cambio, él se gana el derecho a vivir en un estilo de vida seguro, amoroso y compasivo dirigido por la mujer.

El caos es una situación de confusión y un estado desordenado, carente de liderazgo. Con una figura de autoridad aceptada y una obediencia estricta, desaparece cualquier conjetura sobre qué hacer y se reduce la ansiedad sobre cómo responder en diversas situaciones. El concepto de una autoridad femenina amorosa da a tu mujer el control sobre ti y se espera tu obediencia. Sus órdenes y tu obediencia determinan las posiciones de poder que definen cada uno de vuestros papeles. Una vez que aceptes a tu mujer como tu Ama, y ella te acepte como su obediente caballero, verás que has eliminado elementos de presunción, confusión e incidentes de confusión.

Además, las órdenes establecen el control de diversas situaciones.

Al oír las órdenes de tu Ama, actúas inmediatamente y sigues sus órdenes. Esta pauta de comportamiento elimina las dudas, las decisiones erróneas, el miedo y la incapacidad de seguir su curso de acción preferido. Este patrón de comportamiento predecible también ayuda a evitar cualquier fallo en la comunicación. Seguir las órdenes de tu Reina mantiene la cadena de autoridad. En toda institución humana, los individuos siguen una determinada jerarquía existente, desde los superiores hasta el personal subalterno.

En el ejército, por ejemplo, la cadena de mando define su sistema de liderazgo. En el ejército, todo el mundo tiene un rango y existe una cadena de mando. En las corporaciones, las personas tienen cargos y puestos, desde el más bajo sin autoridad hasta el más alto responsable del plan de acción de la corporación. Lo mismo ocurre en una Relación Dirigida por Mujeres. El incumplimiento de las órdenes aparece como una falta de respeto a la Reina, que es una ofensa que requiere castigo. Puede que ella no pida ni dé necesariamente una orden clara, pero el hombre sumiso está obligado, no obstante, a obedecer.

Además, como el hombre obediente toma el mando antes de empezar cualquier tarea, promete defender los deseos de la mujer mostrándole lealtad como su legítimo líder y siguiendo sus órdenes. La estructura de la Relación Dirigida por la Mujer hace hincapié en los valores y principios de la disciplina y el respeto a la Reina, que tiene autoridad absoluta. Para representar estos valores, los caballeros tienen que obedecer y seguir las órdenes que se les den, mientras trabajan para alcanzar los objetivos vitales de la hembra. Sólo con su obediencia podrán mantener una Relación Femenina Dirigida amorosa.

# CAPÍTULO 33

# Azotes y relaciones dirigidas por mujeres

Aunque el BDSM y los azotes no son un requisito en las Relaciones Lideradas por Mujeres, muchas parejas desean añadir muchos aspectos de dominación y sumisión a su vida sexual. ¿Por qué es tan excitante la fantasía del azote? Tanto hombres como mujeres han admitido tener fantasías de ser atados y azotados. Cada vez más parejas han admitido practicar el spanking y añadirlo a su vida sexual.

Recuerdo la cantidad de veces que los hombres me suplicaron que les diera azotes en la cama. Como era una mujer fuerte y totalmente capaz, les excitaba la idea de estar bajo mi control, y yo era físicamente capaz de darles unos azotes muy fuertes, capaces de hacer llorar incluso al hombre más grande y agresivo. Me di cuenta de que los azotes podían dar sabor a cualquier vida sexual y de que daban lugar a relaciones sexuales muy interesantes y aventureras. Los hombres se obsesionaron y muchos de ellos lo necesitan para sentirse totalmente bajo el control de su mujer.

En una relación dirigida por una mujer, el deseo de ser controlado por una mujer fuerte adquiere aún más importancia. Cada vez más mujeres toman el control de muchos aspectos de su vida, y muchas dirigen países, gobiernos, empresas, ciudades, hogares y, ahora, el dormitorio. Mis libros anteriores *Amor y Obediencia* y *Los Hombres de Verdad Adoran a las Mujeres* son éxitos de taquilla y proporcionan la orientación esencial que una pareja necesita para construir una relación duradera y de éxito. Parte de mantener viva la chispa en todas las relaciones consiste en añadir disciplina. La disciplina en las relaciones lleva los azotes a un nivel completamente nuevo en la vida sexual, y una vida sexual mejor significa naturalmente una relación mejor en muchos casos.

¿Por qué se han hecho tan populares los azotes? Nuestro deseo de dar azotes surge de nuestra necesidad de atención. El único momento en que la mayoría de los niños reciben atención es cuando sus padres les disciplinan, y quizá como adultos anhelamos esta atención indivisa. Aunque dar azotes a los niños no es aconsejable y está prohibido, los azotes en el dormitorio se han disparado. Como líder del movimiento *Amor y Obediencia* y de las Relaciones Lideradas por Mujeres, he visto cómo los azotes se han hecho especialmente populares entre las mujeres que azotan a los hombres. Por tanto, voy a explorar los azotes en lo que se refiere a las demostraciones divertidas de disciplina y dominación en la relación.

Aunque los azotes provienen del BDSM, este libro no pretende en modo alguno instruir sobre las prácticas o costumbres particulares del BDSM. Aquí nos centramos en cosas divertidas que la Reina puede hacer para disciplinar a su hombre de forma lúdica y respetuosa, si el hombre lo desea y hay pleno consentimiento. También tocaré ligeramente el tema de los azotes como medio de disciplina seria para aquellas parejas que deseen saber más sobre esto y, por supuesto, cómo se pueden añadir los azotes como parte de la disciplina en la relación. En general, los azotes durante el sexo están pensados para añadir algo de variedad y ese elemento de diversión y aventura a cualquier relación.

Durante una de las primeras fiestas fetichistas a las que he asistido, una multitudinaria reunión con miles de personas se movía por un laberinto de diferentes salas preparadas con todo lo relacionado con el BDSM, el bondage y la tortura. Estaba sacado directamente de la película *Eyes Wide Shut*. En una sala, observé cómo envolvían con sarán a un anciano y lo colgaban de las vigas. Tres dominatrices se preparaban como en una escena de la película *Wonder Woman*, en la isla de Themyscira, cuando las guerreras se preparaban para la batalla. Entonces, una vez armadas con sus floggers, empezaron a azotar al hombre mientras todos observábamos. Pero en lo que no puedo dejar de pensar es en la sonrisa de su cara. Les instaba a que le azotaran más y con más fuerza.

Sustituían los azotes por fustas, y por muy fuerte que azotaran al hombre, éste se ponía más contento y parecía estar en estado de éxtasis. Esto me hizo pensar en la idea de azotar en el dormitorio y en cómo tanto el miedo a lo que podría ser, como las dolorosas sensaciones despiertan algo primario tanto en hombres como en mujeres. Algo que no puede conseguirse con ningún otro acto sexual. Los hombres que desean ser dominados se excitan intensamente y las mujeres obtienen una gran satisfacción al controlar completamente a su hombre.

Piensa en la intensa excitación que sentirás cuando tu Reina te ate, te provoque hasta la muerte con juegos de rol, cosquillas y ligeros golpes de látigo. Para algunos, esto es una forma de vida. Conozco a muchas parejas que no pueden esperar a participar en algún tipo de juego de dominación y disciplina en la relación. Las mujeres me han confesado la satisfacción que sienten cuando pueden controlar a sus hombres, darles azotes cuando quieren, y los tienen suplicando más y tratándolas infinitamente mejor que antes.

Los azotes pueden provocar muchos de nuestros profundos deseos de atención completa por parte de nuestras parejas, porque seamos sinceros, necesitas atención completa e indivisa cuando das y recibes un azote. Resuelve muchos de los comportamientos irrespetuosos que han surgido y son aceptados por la sociedad como normales, pero que pueden llevar al desenredo y a la destrucción final de la relación. ¿Cuántas veces he visto a parejas que pasan tiempo juntos y están pendientes de sus teléfonos o de las redes sociales? Dar azotes en el dormitorio es el único momento en el que la mente de la pareja no divaga, y no se puede estar al teléfono. Para practicar el spanking y la disciplina en la relación, no puede haber distracciones, y ésta es una de las ventajas de la relación.

Dentro del mundo de la dominación y la sumisión, la disciplina a menudo se erotiza y se ejecuta de un modo que la sociedad no aprobaría de otro modo. Pero muchas parejas están despertando una vida sexual muerta con la adición de azotes y BDSM ligero.

En las Relaciones Lideradas por Mujeres, más hombres han admitido que disfrutan y tienen un fuerte deseo de que sus mujeres les azoten y sean agresivas. Por eso, este capítulo tratará de los azotes eróticos y de cómo la Reina puede administrar esta disciplina a su hombre durante el sexo. Hoy en día, cada vez hay más relaciones dirigidas por mujeres. Las mujeres toman las riendas en el hogar y en el dormitorio. A los hombres les encanta la experiencia de estar bajo el hechizo, y el dominio de la mujer y los azotes no hacen sino aumentar la sensación de control de la Reina. Cuando las mujeres se sienten con poder, dan lo mejor de sí mismas, y los hombres se excitan cuando ellas toman las riendas y muestran su poder. Así que la mayoría sale ganando.

La popularidad de los azotes no muestra signos de desaceleración.

Los azotes se están convirtiendo rápidamente en el pasatiempo favorito en el dormitorio y en

670.000 búsquedas al mes, su popularidad en todo el mundo no hace más que crecer. Una encuesta reciente demostró que el 75 por ciento de las mujeres y el 66 por ciento de los hombres disfrutaban con el spanking erótico. Este capítulo servirá como introducción al spanking erótico y proporcionará algunas ideas divertidas sobre cómo añadir el spanking a tu rutina sexual de forma segura. No hay que subestimar que la seguridad es la clave, así como el consentimiento. Éste debe ser siempre un pasatiempo entre adultos que consienten y mantienen una relación comprometida. Añadido a una vida sexual ya de por sí sana, el azote puede ser una forma divertida de darle sabor al dormitorio, a la vez que satisfaces tus fantasías.

Cuando una pareja comienza un estilo de vida dirigido por una mujer, tienen que discutir cómo quieren llevarlo a cabo. ¿Van a acordar primero una lista de normas, o van a acordar que la líder femenina entrene al hombre como considere oportuno? Algunas parejas prefieren lo primero, mientras que otras prefieren lo segundo. Cada pareja individual debe averiguar lo que funciona para ella. En mi primer libro, *Amor y Obediencia*, utilicé el adiestramiento conductual con refuerzo positivo para fomentar el buen comportamiento, y no apruebo el uso de castigos físicos no consentidos. En la actualidad, sigo respaldando únicamente el castigo físico seguro, consentido y no perjudicial de forma duradera o grave. Una pareja siempre debe estar totalmente de acuerdo antes de llevar a cabo esta práctica y ambos deben ser adultos.

He llegado a comprender por qué los azotes, las palizas, los latigazos y los azotes con vara son formas eróticas importantes y populares de adiestrar a los hombres, especialmente en una Relación Dirigida por Mujeres. La Reina debe exigir obediencia si desea gobernar a cada hombre. Una Relación Dirigida por Mujeres puede empezar como una fantasía sexual masculina, pero debe evolucionar hacia un estilo de vida real en el que la mujer dirija y el hombre obedezca, o simplemente no funcionará. Los azotes y la disciplina en las relaciones tienen la capacidad de ser un pasatiempo divertido para tu rutina sexual, o tienen el poder de transformar la relación y aumentar la intimidad y el respeto. Hoy en día, sobre todo en el dormitorio, las mareas están cambiando, y las reinas azotan a los hombres. Existe un interés creciente por el spanking, ya que cada vez hay más parejas que lo practican. La experta en sexo Sienna Sinclaire dice: "Los azotes eróticos consisten en azotar a alguien para obtener placer sexual para ambas partes". La persona azotada disfruta, y la persona que da los azotes también disfruta. Los azotes se han hecho tan populares que ahora hay miles de productos disponibles en Amazon para que puedas crear la experiencia de azotes perfecta.

¿Pero dar azotes durante el sexo es un concepto nuevo? Parece que no.

Hoy en día, en las Relaciones Lideradas por Mujeres, muchos hombres disfrutan siendo azotados por su Reina, y muchos lo han introducido como algo aceptable semanalmente -incluso a diario-. Aprender las técnicas adecuadas y las formas de introducirlo en la vida sexual es clave. Trataré todos los aspectos de los azotes eróticos, incluida la historia, las técnicas adecuadas, las herramientas y mucho más. El objetivo de este libro es ayudar a hombres y mujeres a practicar el spanking de forma divertida, sana, segura y consentida como parte de su rutina sexual. También añadiré algo de información sobre la práctica seria de la disciplina en las relaciones, y tocaré ligeramente el BDSM.

Es mi deseo que todas las parejas lo utilicen para construir más intimidad y condimentar vuestra vida sexual. Una vida sexual sana y divertida puede cambiar radicalmente tu relación para mejor. Los azotes son una parte fundamental de las Relaciones Lideradas por Mujeres, en las que la mujer administra los azotes tanto para divertirse como para disciplinarse. Como líder del movimiento *"Ama y Obedece"*, que promueve un estilo de vida femenino sano y seguro, creo que dar azotes con el consentimiento tanto de la Reina como de su hombre encaja perfectamente en el mundo femenino. Las mujeres ya están al mando y son más que capaces de dar una gran sesión de azotes.

¿Por qué está creciendo el spanking y por qué es tan excitante? Se sabe que a los hombres les apetecen las fantasías de ser dominados, y a las mujeres les encantan los hombres poderosos. Dar azotes tiene el poder de transformar una relación aburrida, monótona y fracasada en excitante, íntima y gratificante. Feliz azote seguro.

Según un estudio de un nuevo trabajo publicado en la revista

*Social Psychological and Personality Science* de Joris Lammers y Roland Imhoff, el poder social reduce la inhibición. En otras palabras, a los hombres poderosos y ricos les excita que las mujeres los dominen en la cama. En uno de los primeros episodios de la serie *Juego de Tronos*, Khaleesi -tras recibirla de su marido, interpretado por Jason Momoa- recibe instrucciones de dominarle. Una vez que lo hace, es tratada como una reina y una diosa.

Pero otro estudio afirma que el poder libera a la gente de sus inhibiciones y, por tanto, aumenta los pensamientos sadomasoquistas en todos, las tendencias masoquistas en los hombres que son heridos o torturados y los pensamientos sádicos en las mujeres. Así pues, ésta es la razón por la que los hombres ansían la tortura y se excitan cuando las mujeres agresivas lo hacen, sobre todo durante el sexo.

Las conclusiones del estudio mostraron que el poder aumenta la excitación ante el sadomasoquismo. Además, el efecto del poder sobre la excitación por pensamientos sádicos es más fuerte entre las mujeres que entre los hombres, mientras que el efecto del poder sobre la excitación por pensamientos masoquistas es más fuerte entre los hombres que entre las mujeres. El masoquismo se define como la obtención de gratificación sexual a partir del propio dolor o humillación. Como se ha descubierto, los hombres ansían la tortura física de las mujeres dominantes, lo que coincide también con mis conclusiones. A los hombres les encanta el dolor que sienten cuando una mujer poderosa les golpea en el trasero, y la mujer poderosa se excita al realizar el acto.

Un estudio de 2013 descubrió que los practicantes de BDSM, tanto dominantes como sumisos, eran menos neuróticos, más extrovertidos, más abiertos a nuevas experiencias, más conscientes y menos sensibles al rechazo. También tenían un mayor bienestar subjetivo en comparación con el grupo de control. Esto podría significar dos cosas: Las personas con estos rasgos se sienten atraídas por el sexo pervertido, o que el sexo pervertido puede ayudarte a crecer y a ganar confianza.

Siempre pienso en la escena de *El lobo de Wall Street* en la que Jordan Belfort está tan prendado de su dominatrix Venice que le pillan gritando su nombre en sueños. En la escena, el castigo preferido de Venice es echarle cera de vela en el culo mientras le azota, y él lo disfruta tanto que sueña con ello. Pero el Sr. Belfort, poderoso jefe de una empresa de inversiones, ansía esta actividad a pesar de tener acceso a miles de mujeres de toda condición en diversas escapadas sexuales, y sin embargo es con ésta con quien sueña.

Hay muchas razones por las que los azotes eróticos son excitantes. En primer lugar, está la sensación física. Si se hace correctamente, el azote estimula indirectamente los genitales de una persona y crea una sensación sutil que es, sin duda, placentera. Por otro lado, está el aspecto psicológico. Los azotes eróticos también pueden tener mucho que ver con los juegos de rol y los castigos fingidos, que despiertan la imaginación y hacen que la experiencia sexual sea mucho más intensa.

El BDSM (que significa esclavitud y disciplina, dominación y sumisión, y sadismo y masoquismo) y los azotes pueden permitir que la gente empiece a experimentar esta práctica de forma divertida. El spanking surge del BDSM. La disciplina en el BDSM es la práctica en la que el dominante establece normas que se espera que el sumiso obedezca. Cuando se infringen las normas de los comportamientos esperados, a menudo se utiliza el castigo como medio de disciplinar. En el BDSM, pueden establecerse reglas para que un sumiso o sumisa sepa cómo debe comportarse para que el dominante no se disguste.

En las Relaciones Lideradas por Mujeres, esto se traduce en que los hombres se comporten correctamente según las reglas de la Reina. Las reglas también pueden servir para recordar a los subordinados su estatus inferior, o para entrenar a un subordinado novato. En el BDSM, cuando se infringen estas normas, a menudo se utiliza el castigo como medio de disciplina. El castigo en sí puede ser físico, como la flagelación, o psicológico, como la humillación pública, o una combinación de ambos mediante el bondage y los azotes. Así pues, los azotes durante el sexo se extienden desde esta práctica del BDSM y la disciplina, que se convierte en una forma divertida de que la Reina ejerza su dominio sobre su hombre para disfrute de ambos.

Lo que a una persona le excita de los azotes es algo personal. Shelby Devlin, entrenadora sexual y de intimidad, dice que a la persona que recibe los azotes puede encantarle la sensación de impotencia, mientras que a otra persona puede que sólo le interese la sensación física. Así que, cuando decidáis por primera vez que queréis explorar los azotes, ella puede sugerir que os toméis un tiempo para la autorreflexión.

¿Qué tienen las nalgadas que os excita a ti y a tu pareja? Analízalo y háblalo.

Dawn Michael, asesora sexual certificada y terapeuta matrimonial y familiar con un doctorado en sexualidad humana, afirma que ser sumiso o dominante con tu pareja puede ser un juego de rol sexy en el que se incluyen fácilmente las nalgadas. Dice que "dar azotes puede ser excitante tanto para un hombre como para una mujer que disfrutan siendo sumisos con su pareja, convirtiéndolo en un papel de sumisión a su Dom en el caso de un hombre o a su amo en el caso de una mujer".

A los hombres siempre les han gustado las mujeres agresivas, y los azotes en el sexo ofrecen a las mujeres la oportunidad de tomar el control y condimentar las cosas durante el sexo. Imagina toda una sesión de preliminares en la que ella te ata, te venda los ojos, te tumba en la cama y te da azotes con su fusta o látigo de caballo desde los dedos de los pies hasta la cabeza, y luego te da unas cuantas bofetadas. Después, se pone encima y te monta hasta el orgasmo.

¿Quién puede resistirse?

Casi todo el mundo tiene algún deseo, fantasía o fetiche secreto que le excita en el dormitorio o en cualquier otro lugar. Algunos eligen guardarse sus fantasías para sí mismos y pensar en ellas cuando están solos. Consideran que no es necesario compartir esta parte de su sexualidad. Sin embargo, otras sienten un fuerte impulso de compartir su fantasía o fetiche, deseando representarlo con compañeros. Los sentimientos de culpa, vergüenza y confusión sobre nuestras fantasías y lo que nos excita son comunes en nuestra sociedad.

Lo que a menudo le cuesta entender a la gente es que el despertar sexual se produce cuando somos niños. Aunque la sexualidad infantil es una parte natural del desarrollo, en nuestra cultura a menudo se ignora, se rechaza o se esconde bajo la alfombra como algo malo. Se hace sentir al niño avergonzado o culpable por tener pensamientos y deseos sexuales. No se dan explicaciones ni se habla de ello.

A las mujeres en las Relaciones Lideradas por Mujeres les encanta dar unos buenos azotes a sus hombres. He aquí por qué: En los azotes, hay un intercambio de poder, y en una Relación Liderada por Mujeres, la Reina está al mando. Ella tiene el poder y la oportunidad de ejercer su poder sobre su hombre durante el sexo con unos azotes. Esto puede ser muy excitante tanto para el hombre como para la mujer. Además, admitámoslo: la dominación es sexy. La dominación durante el sexo intensifica el deseo sexual, y las mujeres poderosas vuelven locos a los hombres. Una mujer en posición de poder es el deseo de todo hombre, sobre todo del hombre que ha dedicado su vida a servir.

Los hombres ya son sumisos en una Relación Liderada por Mujeres, así que ya han aceptado que su Reina tenga rienda suelta sobre ellos. Durante el sexo, los niveles de placer sexual aumentan cuando la mujer asume este papel de dominación e incluso sugiere dar azotes. Afirmar tu autoridad como mujer durante el sexo transmite al hombre que ella sabe lo que quiere y va a conseguirlo. Esto hace que el hombre esté deseoso de complacerla y someterse. Añade un elemento de aventura y miedo, que puede ser extremadamente excitante.

Es normal que el sexo en las relaciones duraderas se vuelva monótono y repetitivo, por lo que los azotes sacuden las cosas y permiten a la Reina tener el control, que es su deseo más profundo. Creo que los azotes apelan al más profundo de los deseos de una mujer, que es tener un poder absoluto sobre su hombre. Al igual que los niños se cansan de sus viejos juguetes, los adultos también se aburren y se cansan de llevar a cabo la misma rutina y estilos sexuales repetitivos sin la introducción de algo nuevo o aventurero.

Los azotes añaden más picante al aportar diversificación a un ritual sexual habitual. Los azotes pueden hacer que las cosas sean muy íntimas, ya que la Reina tiene el control total y el hombre es vulnerable al adoptar posturas para que ella le azote. Los azotes provocan sentimientos frescos que surgen al probar una experiencia diferente de lo habitual. Esto crea intimidad y os transporta a los dos a un mundo totalmente nuevo y os vincula a los dos de formas que nunca esperasteis. Acordar introducir los azotes en vuestra vida sexual es un momento íntimo construido. Llevar a cabo el acto juntos amplifica el vínculo.

Muchos hombres han declarado sentirse muy bien cuando reciben unos buenos azotes de su Reina. Cuando un hombre recibe unos azotes, se enciende un cierto estímulo, ya que esto hace que entren en acción los receptores de dopamina, lo que provoca placer sexual y es un momento excitante para ambos miembros de la pareja. Es importante no caer en el kink shaming, que literalmente significa avergonzar a otra persona por sus fantasías sexuales, lo que puede ocurrir ocasionalmente.

Incluso las parejas más compatibles pueden tener preferencias sexuales muy diferentes. En cualquier relación sexual, os excitarán cosas diferentes. Por eso es mejor ser amable cuando tu pareja te cuenta algo que quiere probar en la cama, aunque no sea para ti. Las fantasías sexuales se comparten mejor como parte de la "charla sucia" durante el sexo. Otros pueden sentirse más cómodos sacando el tema en momentos más neutros, cuando el sexo no está sobre la mesa.

Un psicólogo y terapeuta sexual titulado aconsejó lo siguiente: Crea un espacio seguro en el que no estéis en modo de trabajo agobiado, enfrentaos y tened contacto visual. Hazles saber que esto puede resultarte difícil o que has estado esperando el momento adecuado. También suele ser más fácil compartir algo con los demás una vez que uno mismo se ha sentido bien con ello, así que si se trata de una manía de la que te avergüenzas innecesariamente, puede ser bueno trabajar esa vergüenza con un terapeuta sexual o en tu tiempo libre antes de hablar de ello con tu pareja.

Además, es importante recordar que mientras tu fantasía sea entre dos adultos que consienten, es probable que sea completamente normal.

Un estilo de vida dirigido por mujeres implica establecer unas normas de comportamiento para el hombre que su Reina pueda controlar. Si incumple una norma, debe ser disciplinado por ello. Esta disciplina enseña a los hombres a comportarse de forma más sumisa, obediente y cariñosa. Algunas parejas establecen reglas juntas, mientras que otras confían únicamente en la Reina para crearlas. Algunas reglas pueden ser sugeridas por el hombre, ya que quiere trabajar sobre algún aspecto negativo de su propio comportamiento o actitudes que cree que le está impidiendo convertirse en un hombre más sumiso y cariñoso.

Algunas parejas escriben las normas, mientras que otras se conforman con mantenerlas sobre una base puramente verbal de acuerdo. Algunos hombres tienden a debatir las normas de la Reina cuando se les llama la atención por incumplirlas. Esto no se considera buen comportamiento y puede ser irrespetuoso con la Reina. El punto más importante es la coherencia. Si como pareja decidís que se den unos azotes suaves cuando el hombre se porte mal, la Reina debe dar los azotes y el hombre debe obedecer.

Las normas incoherentes no suelen ser un gran problema en los hogares dirigidos por mujeres. La Reina no puede ser poco razonable, pero si se acuerda, ambos deben cumplirlas. A muchas parejas les resulta sencillo y directo acordar un conjunto coherente de normas para su comportamiento. Estas normas pueden cambiar y desarrollarse con el tiempo. Pueden añadirse o quitarse, según sea necesario y lo dicte el sentido común. Una Reina debe crear consecuencias coherentes para el comportamiento indisciplinado de su hombre. Esto significa simplemente que una Reina puede azotar brevemente a un hombre por una falta leve, pero puede azotarlo hasta las lágrimas por una falta más grave, asegurándose de que esté sollozando arrepentido al final de su castigo. La cantidad y la severidad de los azotes varían porque la Reina puede tener que ajustarlos en función de la actitud del hombre, pero los resultados relativos deben ser coherentes. Azotes suaves para una falta muy leve, y fuertes azotes con lágrimas para una falta más grave. Las consecuencias de los distintos tipos de mal comportamiento de un hombre deben ser coherentes, aunque no sean idénticas. Aplicar consecuencias coherentes al mal comportamiento masculino consiste en mantener las diferencias relativas entre las infracciones, de modo que siempre quede claro el motivo del castigo basado en la gravedad de su mal comportamiento. Debe saber que si recibe un azote leve por una falta insignificante, recibirá un azote severo por una falta grave.

# CAPÍTULO 34

# Transición del Patriarcado a las Relaciones Lideradas por Mujeres

U no de los mayores problemas que surgen en las relaciones es la transición del Patriarcado al Liderazgo Femenino. ¿Cómo pueden los hombres aprender a hacer algo si sienten que puede ir contra su naturaleza? Te han enseñado a tomar el control y "ser un hombre", a ser fuerte y asertivo durante toda tu vida, y ahora, con los tiempos que cambian y el deseo de servir a tu Reina, debes adaptarte y cambiar. Hace mucho tiempo que reconocí que el cambio real en las relaciones puede ser la empresa más difícil. Incluso la terapia sin practicar los principios aprendidos puede resultar en un fracaso.

¿Alguna vez te has encontrado con una mujer fuerte que parecía el material perfecto para una relación, pero tras unas cuantas citas es evidente que no sentías el mismo nivel de atracción que sentías originalmente por ella? ¿Y querías llevar las cosas al siguiente nivel, pero, por alguna razón, parece que no puedes mostrar una intención similar y no sabías qué hacer al respecto? ¿O a menudo te cuesta mantener su interés durante mucho tiempo? ¿Alguna vez te has acostado con una mujer demasiado pronto sólo para darte cuenta de que casi ha desaparecido de tu vida sin motivo aparente? ¿Ocurre a menudo incluso cuando sabes que no debería estar ocurriendo? ¿O estás en una relación en la que no sabes cómo comprometerte más y llevarla al siguiente nivel? Y siempre te preguntas ¿Por qué mi relación no avanza?

Cada vez que piensas en este tema, ¿quieres evitar tratarlo porque te hace estar aún más distante y retraído hasta el punto de temer que tu Reina te abandone? ¿Te sientes absolutamente impotente y frustrado porque quieres hacerle comprender lo mucho que deseas estar con ella? Podrías estar reprimiéndote con condicionamientos del pasado y haciendo imposible que te relajes y disfrutes de tu nueva Relación Liderada por Mujeres.

Aquí es donde las afirmaciones de *Amar y Obedecer* pueden crear un punto de inflexión y proporcionar un propósito real. Ha llegado el momento de hacer del servicio a tu Reina una prioridad, cambiando tu forma de pensar y tu condicionamiento con estas afirmaciones diarias. Reconocí hace mucho tiempo, después de escribir mi segundo libro *Los hombres de verdad adoran a las mujeres*, que los hombres necesitan reglas que seguir para crear las bases adecuadas en las relaciones y superar la transición.

Si los hombres comprenden estas reglas desde el principio, habrá menos conflictos, estrés y ansiedad en la etapa de transición. Esta transición es el periodo en el que un hombre puede desear el cambio, pero también debe cambiar su forma de pensar, que le ha sido arraigada desde la juventud. Adorar correctamente a la Reina requiere una reprogramación a nivel subconsciente, junto con el seguimiento diario de todas las reglas. Cuando el hombre haya conseguido la reprogramación, la mujer se sentirá más segura y relajada. Tanto tú como tu Reina podéis estar relajados. Una vez que hayas reprogramado tu pensamiento patriarcal, será más fácil dirigirte a la Reina como suprema.

El habla es importante en las relaciones dirigidas por mujeres. Un hombre debe obedecer a su mujer al hablar, llamándola Diosa, Reina o Ama. "Sí, Reina, por supuesto, mi Diosa". "Como ordenes, mi Reina". Añadiendo el habla en forma de afirmaciones para adorarla a diario, puedes cambiar el condicionamiento del pasado. El liderazgo femenino se convertirá en algo tan normal como lavarse los dientes y usar hilo dental. Cuanto más arraigada esté en los hombres una vida dirigida por la mujer, menos desacuerdos habrá y más oportunidades habrá de crear una conexión más profunda e íntima.

Repetirás cosas como "Obedezco a mi Reina", "Mi vida es amar, obedecer y servir a la Reina" y "Honraré y respetaré a mi Reina todos los días". Toda gran institución tiene un código de honor: es la capa adicional de responsabilidad. Las afirmaciones del punto de inflexión son como tu código de honor, y cuando las dices con verdadera intención, creas cambios en ti misma y en tu enfoque de la vida dirigida por mujeres y tu Reina.

La ruptura de las relaciones se produce cuando las mujeres y los hombres no están seguros de sus papeles, y esta lucha puede existir cuando las parejas se centran demasiado en la "igualdad" en una relación. No hay igualdad en los gobiernos ni en las organizaciones y rara vez se consigue en las relaciones. ¿Con qué frecuencia se consigue algo si todos en la empresa son iguales y no hay un líder? Normalmente nunca. Lo mismo ocurre en las relaciones. Las mujeres se han permitido creer que lo mejor que pueden esperar es la igualdad. La búsqueda de la igualdad acaba provocando desacuerdos y luchas de poder.

En algún momento, una persona tiene que dar un paso adelante y asumir el liderazgo. Durante años, se esperaba que el hombre asumiera ese papel, pero hoy en día, en una Relación Liderada por Mujeres, la Reina tiene que asumir el liderazgo en la toma de decisiones y la gestión de las actividades cotidianas. Por algo existe el dicho: "Esposa feliz, vida feliz". Cuando la Reina es feliz, tú, como caballero solidario, también lo serás. El reto se presenta cuando un hombre debe cambiar su forma de pensar a un nivel más profundo. Tal vez esté descubriendo la vida dirigida por mujeres, pero ha sido condicionado a ser patriarcal. Muchos hombres son criados por mujeres, pero tener padres divorciados tiende a afectar a la forma en que los hombres verán su posición en las relaciones. Los hombres pueden tener el deseo de someterse, pero desearlo y hacerlo a diario con sus reinas puede ser problemático. Aquí es donde entra en juego la reprogramación y las afirmaciones pueden ser beneficiosas.

# CAPÍTULO 35

# Aplastar el patriarcado

Muchas relaciones empiezan a deshacerse cuando hay demasiado condicionamiento malsano, por eso es necesario que destroces el condicionamiento patriarcal para que tu Relación Guiada por la Mujer prospere. Por ejemplo, llevas un tiempo con tu pareja y has desarrollado malos hábitos de comunicación. Cada vez hay más discusiones y desacuerdos, y ambos lo ignoráis.

La psicóloga Patricia Evans habla del condicionamiento negativo que se produce en las relaciones. Cuenta la historia de un científico que utiliza dos ranas para estudiar los efectos del condicionamiento. El científico coloca la primera rana en una olla de agua caliente. La rana salta inmediatamente. Coloca la segunda rana en una olla de agua fría mientras la científica aumenta gradualmente el calor. La rana no se mueve. La científica vuelve a subir el fuego gradualmente. La rana sigue sin moverse. El científico sigue subiendo el fuego y, una vez más, la rana se queda. Finalmente, el científico sube el fuego hasta el punto de ebullición. La rana sigue quedándose hasta que muere hervida. Esto es similar al maltrato, que a menudo empieza lentamente y va aumentando gradualmente en velocidad e intensidad.

Por desgracia, esta pauta puede continuar sin fin durante años y años. Lentamente, día a día, el alma de una persona se va astillando. Un día la persona se despierta y se da cuenta de que ha estado sentada en una olla de agua hirviendo. La razón por la que el condicionamiento es una parte poderosa de todas las relaciones es que puede obstaculizar el progreso, sobre todo cuando es necesario hacer cambios importantes para crear una Relación Guiada por la Mujer. Las afirmaciones y la práctica diaria pueden ayudar mucho a cambiar el condicionamiento malsano y, en el caso de las Relaciones Lideradas por Mujeres, el condicionamiento patriarcal.

Terry Real, terapeuta de pareja y autora de bestsellers, es miembro del cuerpo docente del Instituto de la Familia de Cambridge y directora del programa de Relaciones de Género del Instituto Meadows de Arizona. Terry Real afirma: "Todos vivimos bajo el patriarcado, que es una dicotomía rígida de roles de género. Tradicionalmente, se supone que los hombres son fuertes y se sienten independientes, sin emociones, lógicos y seguros de sí mismos. Se supone que las mujeres deben ser expresivas, cariñosas, débiles y dependientes. Una de las cosas que digo sobre esos roles de género tradicionales es que no hacen feliz a nadie, y no favorecen la intimidad".

Cree que para conducir a hombres y mujeres a la felicidad y la intimidad, hay que sacarlos del patriarcado, ya que son viejas reglas no construidas para la intimidad y la felicidad. Dice: "La esencia de la masculinidad es el desprecio de lo femenino. Misoginia y masculinidad son las dos caras de la misma moneda. Lo que significa ser un "hombre" hoy en día es no ser una chica. No ser femenino. El desprecio por ser femenino forma parte de la cultura patriarcal". Esto conduce a más relaciones insanas, lo que podría ser parte de la razón por la que la tasa de divorcios está en el 50%.

Lo peor es que no se conoce realmente el verdadero origen del patriarcado. El patriarcado está asociado a un conjunto de ideas -una ideología patriarcal- que actúa para explicar y justificar esta dominación y la atribuye a diferencias naturales inherentes entre hombres y mujeres. Si analizar realmente lo que quieren los hombres, el patriarcado tampoco satisface estas necesidades. En un estudio reciente, los hombres describieron el motivo que les llevó a divorciarse y lo que más valoran en una mujer. De ello se concluyó que el objetivo de los hombres es reducir la complejidad en sus vidas y lo que más desean de las mujeres es sentirse verdaderamente apreciados. Se trata de simplicidad y aprecio.

Las Relaciones Lideradas por Mujeres abordan ambas necesidades. Una mujer fuerte al mando ayuda a simplificar las cosas, porque ella dirige mientras el hombre sigue. Además, cuando un hombre adora y sirve correctamente a una mujer, se sentirá apreciado y recompensado. Las Relaciones Lideradas por Mujeres están creciendo porque son congruentes con el estado de nuestra existencia.

Con las mujeres al frente, se hace mucho más hincapié en la comunicación y la empatía. El mundo necesita más comunicación en un mundo digital y no mucha fuerza bruta. Un hombre puede empezar a desarrollar su lado intuitivo y empático con afirmaciones que se centren en servir a su mujer. No sólo se centra en su mujer a diario, sino que también conserva un objetivo y un propósito en su vida.

# CONCLUSIÓN

La relación dirigida por una mujer es una de las aventuras más emocionantes en las que os embarcaréis tú y tu Reina. La base de la relación dirigida por una mujer es la obediencia, la disciplina y la sumisión. Tu papel es servirla, y ella debe dirigirla. Cada uno de vosotros tiene la responsabilidad en la relación de ocuparse de su parte mientras se unen y se comunican con amor y respeto el uno por el otro. Las normas y los límites ayudan en el día a día, pero sea cual sea la experiencia que decidáis explorar, siempre debe haber consentimiento.

La vida moderna significa que tiene que haber una relación moderna, y la Relación Dirigida por la Mujer es oportuna con el empoderamiento femenino y el Futuro es Femenino, por lo que puedes estar segura de que tu unión os ayuda a evolucionar a ambos. La vida guiada por la mujer tiene la capacidad de transformar tu relación o matrimonio, y las parejas han informado de una mayor intimidad y conexión. Hay muchas experiencias diferentes para explorar juntos, como el sexo dirigido por mujeres, el placer oral, la castidad, el cornudo, la no monogamia consentida, los azotes, el BDSM y la disciplina.

Uno de los retos para los hombres es liberarse del condicionamiento patriarcal del pasado, pero con la ayuda de afirmaciones diarias de adoración femenina, puedes superarlo, lo que te ayuda a aprender a aceptar a tu Reina como tu líder suprema y Diosa. Espero que ambos experimentéis los efectos transformadores de la vida dirigida por mujeres y del movimiento *Amar y Obedecer* que tienen miles de parejas en todo el mundo.

www.ingramcontent.com/pod-product-compliance
Lightning Source LLC
Chambersburg PA
CBHW062209270326
41930CB00009B/1693